シリーズ「遺跡を学ぶ」166

南関東・弥生時代のムラの姿

大塚・歳勝土遺跡

高橋　健

新泉社

南関東・弥生時代のムラの姿

―大塚・歳勝土遺跡―

高橋　健

【目次】

編集委員
勅使河原彰（代表）
小野　昭
小野　正敏
石川日出志
小澤　毅
佐々木憲一

装　幀　新谷雅宣
本文図版　松澤利絵

プロローグ　大塚・歳勝土遺跡とは

ここに二枚の写真がある（図1）。写っているのは、神奈川県横浜市にある大塚《おおつか》・歳勝土《さいかちど》遺跡である。大塚・歳勝土遺跡は、横浜市域で稲作がはじまった弥生時代の半ば、いまから二二〇〇年ほど前の遺跡である。集落である大塚遺跡と墓地である歳勝土遺跡がセットで国の史跡に指定されている。大塚遺跡はまわりを大きな溝でかこまれた環濠集落《かんごうしゅうらく》とよばれる集落で、歳勝土遺跡は四角形に溝をめぐらせた方形周溝墓《ほうけいしゅうこうぼ》とよばれる墓が集まった墓地である。遺跡の名前は、どちらも旧地名からとったものである。

弥生時代の環濠集落としては、大塚遺跡はけっして大きくはない。西日本の巨大な環濠集落遺跡とくらべるとかなり小ぶりだし、同程度の規模の環濠集落は周辺に点在している。墓地である歳勝土遺跡についても、規模や副葬品という点ではごくふつうの遺跡だといってよい。

このような「ふつう」の遺跡である大塚・歳勝土遺跡のどこが評価されて国の史跡になったのだろうか？　この遺跡の「価値」は、つぎの三点にまとめることができる。

図1●発掘された大塚・歳勝土遺跡
上：大塚遺跡。1975年11月撮影。大塚遺跡の完掘状況を西側上空からみたところ。大塚遺跡の右上は歳勝土遺跡だが、埋め戻されて畑になっている。見学用にS16号方形周溝墓を露出して残している。
下：歳勝土遺跡。1971年撮影。西側台地の方形周溝墓群を西側上空からみたところ。右上に早渕川がみえる。左端がS16号方形周溝墓。

第一は、大塚遺跡で弥生時代の環濠集落の全体像を示した点である。周囲を溝でかこまれた環濠集落は九州から関東地方まで分布しており、その調査例は関東地方だけでも二〇〇を超えているが、全体が発掘された例は少ない。多くの場合は細切れの発掘成果をつなぎ合わせて全体像を復元しているが、大塚遺跡では台地上の全面を調査した。さらに後世の攪乱をほとんど受けていなかったため、竪穴住居跡や環濠がきわめて良く保存されていた。このため、弥生時代の環濠集落の構造や特徴をつかむことができたのである。

第二は、集落と墓地がセットでみつかった点である。弥生時代の集落も墓もたくさん調査されているが、両方を全面的に調査し、その関係をとらえることができた例は少ない。大塚・歳勝土遺跡は、集落と墓の関係を明らかにした貴重な例だったのである。

第三は、大塚・歳勝土遺跡が立地する早渕《はやぶち》川流域で、同時期の「遺跡群」の全体が調査されたことである。港北《こうほく》ニュータウンの開発に関連して、およそ五キロ四方の範囲で約二〇〇カ所の遺跡が発掘調査された。発掘調査にとりかかる前には開発予定区域内の徹底的な分布調査がおこなわれたため、少なくとも台地上の遺跡についてはほぼすべてを調査したといってよい。一地域内の遺跡群全体を発掘したことによって、集落相互の関係や移り変わりについての研究を進めることが可能になった。大塚・歳勝土遺跡はその代表格といえる遺跡なのである。

大塚・歳勝土遺跡が発掘調査されてからほぼ五〇年の歳月が流れた。大塚・歳勝土遺跡がどのように発掘調査されたのか、またその成果が考古学研究のうえでどのような役割をはたしてきたのか、ふり返ってみたい。

第1章　環濠集落・大塚遺跡

1　ムラの立地と大きさ

港北ニュータウンの地形

大塚・歳勝土遺跡は横浜市の北部、現在の都筑《つづき》区の中心付近に位置している（図2）。この地域では一九六〇年代半ばから横浜市の港北ニュータウン事業として新しい町づくりが進められた。一九九五年に港北ニュータウン地域を中心に設けられた新しい行政区が都筑区である。この開発にともなって多くの遺跡が発掘調査されたが、これらの遺跡をまとめて港北ニュータウン遺跡群とよんでいる。

港北ニュータウンは、大まかにいえば北は川崎市との市境、南は鶴見川、東は第三京浜道路、西は国道二四六号と東名高速によって区切られた、五キロ四方ほどの範囲にある。この付近は下末吉《しもすえよし》台地とよばれる横浜市北東部から川崎市西部にかけて広がる標高三〇～六〇メートルほどの台地の一部である。下末吉台地は北西では多摩丘陵に連なり、南東では横浜市中心部の山《やま》手《て》や本牧《ほんもく》の高台までつづいている。「台地」という言葉からは広い平坦面が広がっているような印象を受けるかもしれないが、この台地はいくつもの川によって削られて複雑な地形をしている。港北ニュータウン遺跡群はちょうど多摩丘陵との境近くに位置しており、鶴見川やその支流の早渕川が北西から東に向けて流れている。現在の東京湾までは約一五キロ、海岸部がまだ埋め立てられていない弥生時代にも九キロ程度は離れていた。

鶴見川は東京都町田市から南東に流れて横浜市の北部に入り、さらに東に方向を変えて東京湾に注ぐ長さ四二・五キロの川である。鶴見川にはいくつかの支流が注いでいるが、そのうちの一つが早渕川である（早淵川とも表記されるが、本書では早渕川に統一する）。早渕川は横浜市青葉区に源流をもち、都筑区を通って港北区内で鶴見川に合流する。長さは一三・七キロ、大塚・歳勝土遺跡付近での川幅は一〇メートル程度とけっして大きな川ではない。

大塚遺跡は南東方向に流れてきた早渕川が東に向きを変える付近、北岸の標高五〇メートルほどの台地上に立地する。早渕川からの距離は約四〇〇メートル、川岸との比高は三五メートル以上ある。歳勝土遺跡は大塚遺跡の東南側につながった台地上に広がっている。

環濠集落の典型

環濠集落は弥生時代になって新たに登場する集落のかたちだ。九州から関東地方にまで分布し、太平洋岸では現在の利根川付近を北限とする。ただし、この広い範囲に一様に分布してい

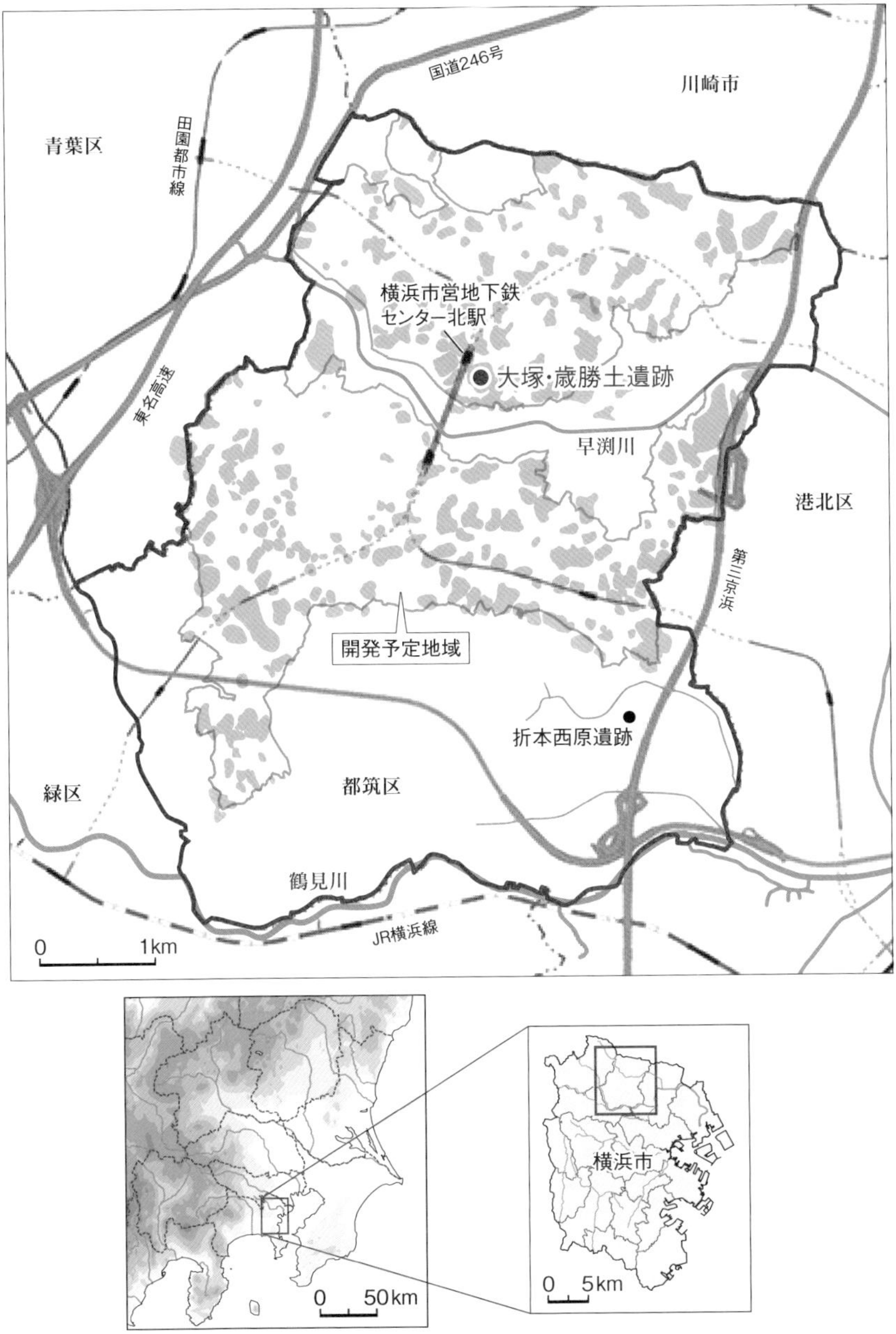

図2 ● 港北ニュータウンの範囲と大塚・歳勝土遺跡の位置
東京につながる幹線道路や鉄道にはさまれた地域で、現在の横浜市都筑区（赤線）の大部分にあたる。黄色が港北ニュータウンの施工区域、オレンジが遺跡の範囲を示す。

るわけではない。鶴見川・早渕川流域は、環濠集落が集中的につくられた地域の一つである。

環濠は最古の水田がみつかった福岡県の板付《いたづけ》遺跡でも確認されており、弥生時代の初期にはすでに出現している。稲作の開始によって耕地や水利をめぐる争いが発生し、ムラを守るために濠をめぐらせたのではないかと考えられてきた。この考えによれば、環濠集落は農耕の開始から国家の形成へとつながる社会の発展の一段階を示す集落形態だということになる。

ここで大塚遺跡と各地の代表的な環濠集落の環濠を比較してみたい。九州・佐賀県の吉野ヶ里遺跡、近畿・大阪府の池上曽根《いけがみそね》遺跡、東海・愛知県の朝日遺跡である（**図3**）。一見して明らかなように、大塚遺跡はサイズという点ではこれらの巨大集落とは比較にならない。環濠は一重であり、時期は弥生時代の中期後葉だけである。長期間にわたってくり返し利用され、隔

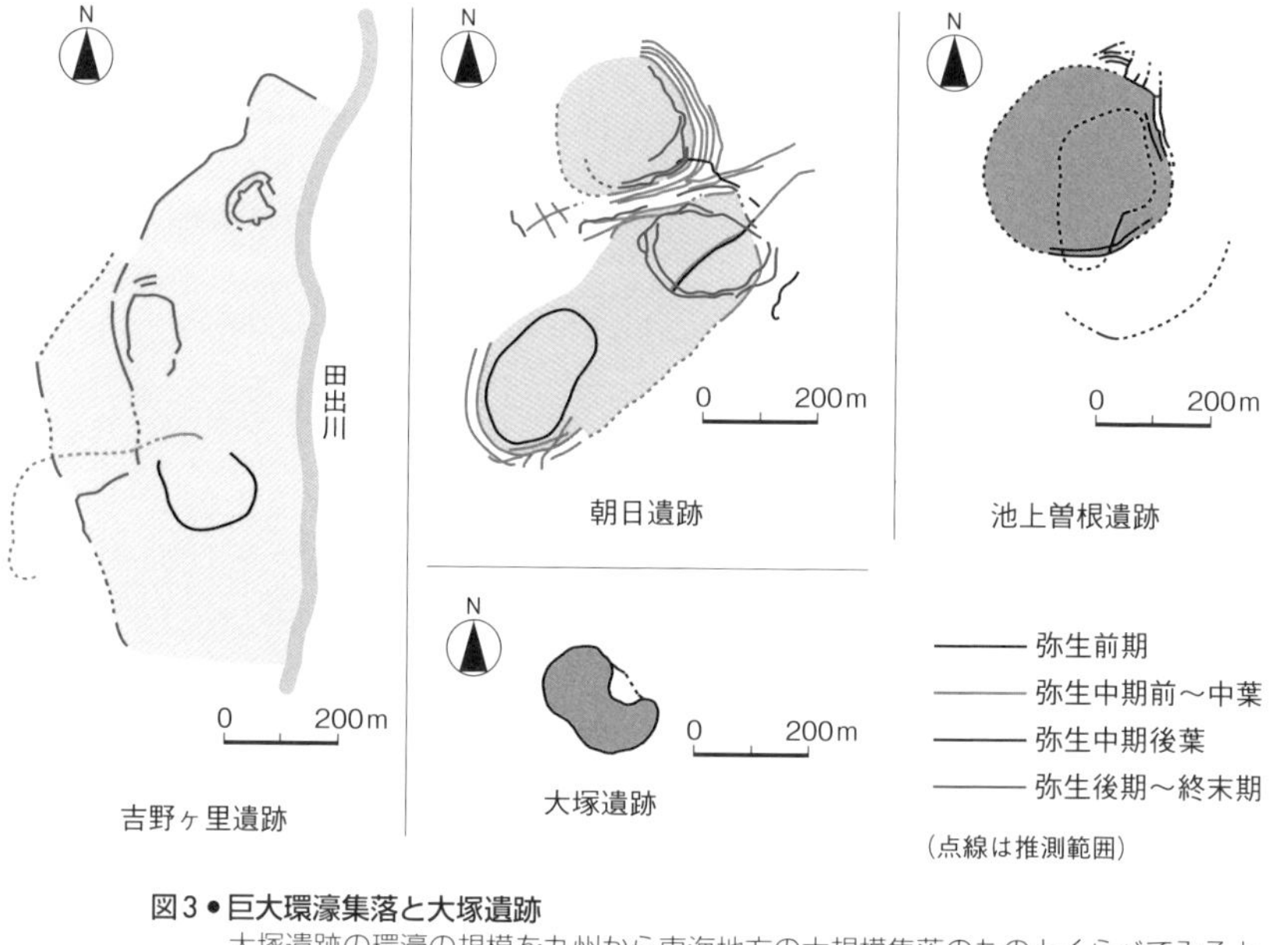

図3 ● 巨大環濠集落と大塚遺跡
大塚遺跡の環濠の規模を九州から東海地方の大規模集落のものとくらべてみると、はるかにおよばないことがわかる。大きさ以外にも、多重の環濠をもたない点や弥生時代中期後葉だけで完結していて継続しない点などが特徴である。

絶した規模で多重の環濠をもち、地域の中核的な集落としてやがて「クニ」の成立にもかかわるような遺跡とは異なっている。いわば「ふつう」の環濠集落なのである。

2　ムラがあった時代

大塚遺跡からは、土器、石器、炭化物などが九百箱分以上出土している。もっとも多いのは土器で、環濠からの出土分だけで完形・半完形の土器が三八〇点以上、土器片が二万六〇〇〇点以上出土した。環濠から出土した土器は宮《みや》ノ台《だい》式という型式のものがほぼすべてを占めている。石器は磨製石斧《ませいせきふ》が多い。台地上の遺跡であるため、有機質の遺物（骨や木など）はほとんど残っていなかったが、焼けた住居では壁材や屋根材と考えられる炭化材がみつかった。また、住居や環濠からは炭化米も出土した。

宮ノ台式土器

大塚・歳勝土遺跡は、宮ノ台式土器の時期の遺跡である。宮ノ台式土器とは、弥生時代中期後葉（およそ二千年前とされる）の南関東にみられる土器型式である。千葉県から埼玉県、東京都の一部、神奈川県のほぼ全体に分布する。当時の関東地方は、周辺地域の影響を受けたいくつかの地域圏に分かれていたが、宮ノ台式土器の分布する南関東は、東海地方からの影響を強く受けていたことがわかっている。

宮ノ台式土器の器種は、壺《つぼ》と甕《かめ》の二つが主である（図4）。壺はものを入れておくための容器、甕は煮炊きをするための鍋である。このほかの器種としては高坏《たかつき》、広口壺や鉢などがある。

宮ノ台式の壺は頸部が細くくびれ、胴部が丸くふくらむイチジクのような形をしている。文様をもつ例が多く、その文様には櫛描文《くしがきもん》系と縄文系がある（図5）。

宮ノ台式の甕は釣鐘をひっくり返したような形で、頸部が少しくびれて口縁が開き、底部は小さくすぼまる。口縁には、木片による刻みか指での押圧・ひねりを連続的に加えている。基本的に文様はないが、表面にはハケメとよばれる刷毛でなでたような調整痕が残る（実際には木片でこすった痕である）。

横浜市域には縄文時代の遺跡はたくさんあるが、縄文時代の終わりごろの遺跡は非常に少ない。弥生時代のはじめごろの遺跡も少なく、墓と考えられる例がいくつかみつかっているだけである。集落遺跡は宮ノ台式期になってからはじめてみつかるようになる。

図4 ● 大塚遺跡出土の宮ノ台式土器
右端の2点が甕、中央列に2点広口壺があるほかはすべて細首壺。宮ノ台式のなかでも下末吉3期に限られている。遺跡からの出土量は甕のほうが多いが、文様のある壺のほうが手がかりが多く、研究対象になることが多い。

宮ノ台式土器の編年

大塚・歳勝土遺跡の発掘調査時には、宮ノ台式土器を細分する編年はまだ確立しておらず、現在の編年の枠組みは一九七八年から八〇年にかけて調査された折本西原《おりもとにしはら》遺跡において示された。担当者の石井寛は、竪穴住居や環濠などから出土した土器のまとまりごとに特徴をつかみ、遺構の切り合いから前後関係を決めるという方法で、出土した土器を三段階に編年した。その後一九九〇年代になると、安藤広道が石井の方法を引き継ぎ、下末吉台地の宮ノ台式土器をI期からV期に編年した。本書でも基本的に安藤の五期区分によって話を進めるが（図6）、名称は古屋紀之の提案にしたがい、下末吉1期〜5期とよびかえることにしたい。

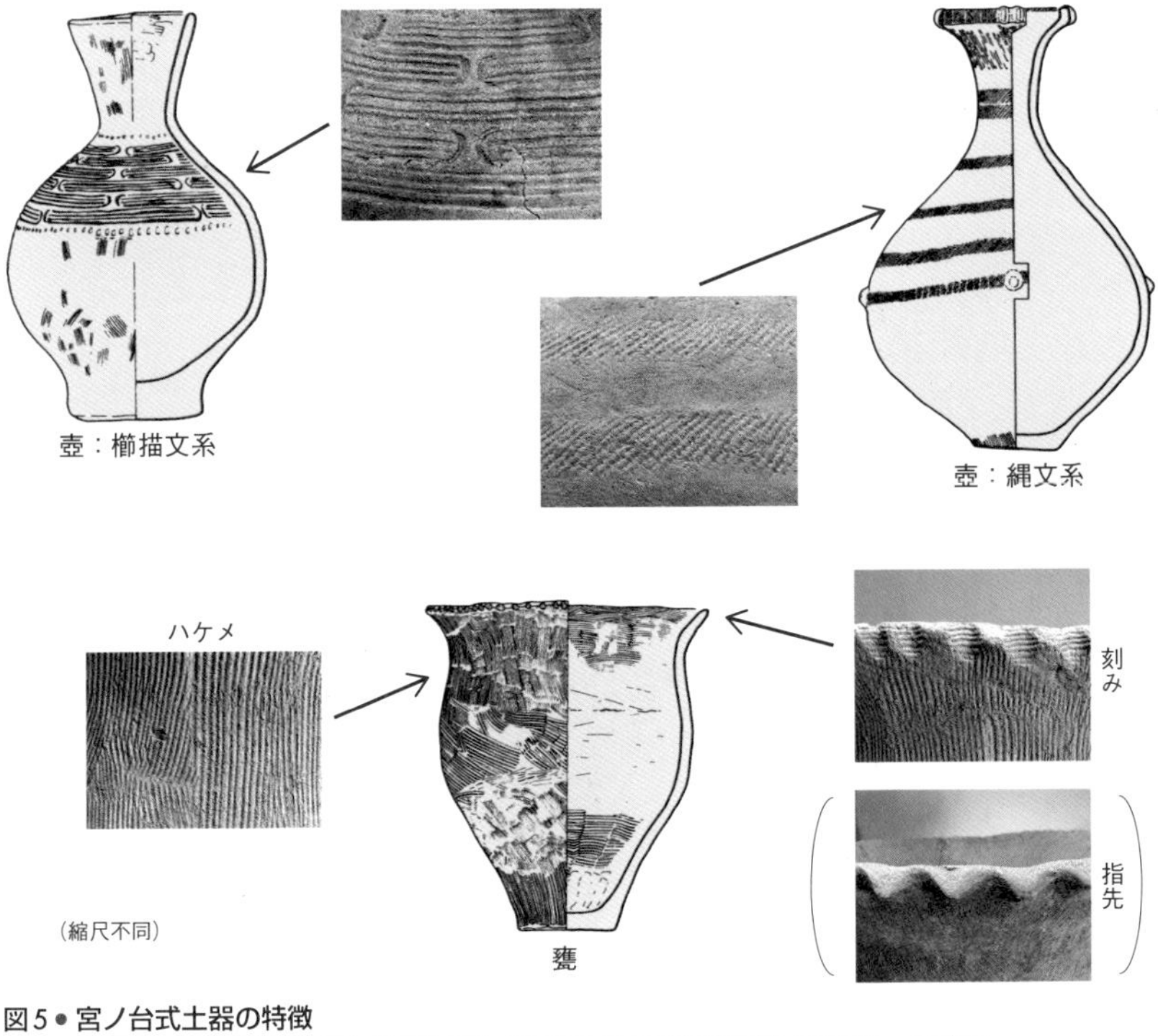

図5 ● 宮ノ台式土器の特徴
櫛描文は、櫛状の道具を器面に押し当てて引いて文様を描いている。縄文は縄を表面に転がしてつけるが、縄の撚りは非常に細かい。擬似縄文とよばれる植物の芽などを転がして縄文に似せた文様をつけることもある。

じつは下末吉1期と2期の土器は、港北ニュータウン遺跡群ではほとんど出土していない。この地域の宮ノ台式は下末吉3期から5期までのものである。

このころの宮ノ台式土器の変化は、おおまかにはつぎのように整理できる。壺の文様は、古い時期には櫛描文系が多いが、新しい時期には縄文系ばかりになる。縄文系の文様についても、区画された縄

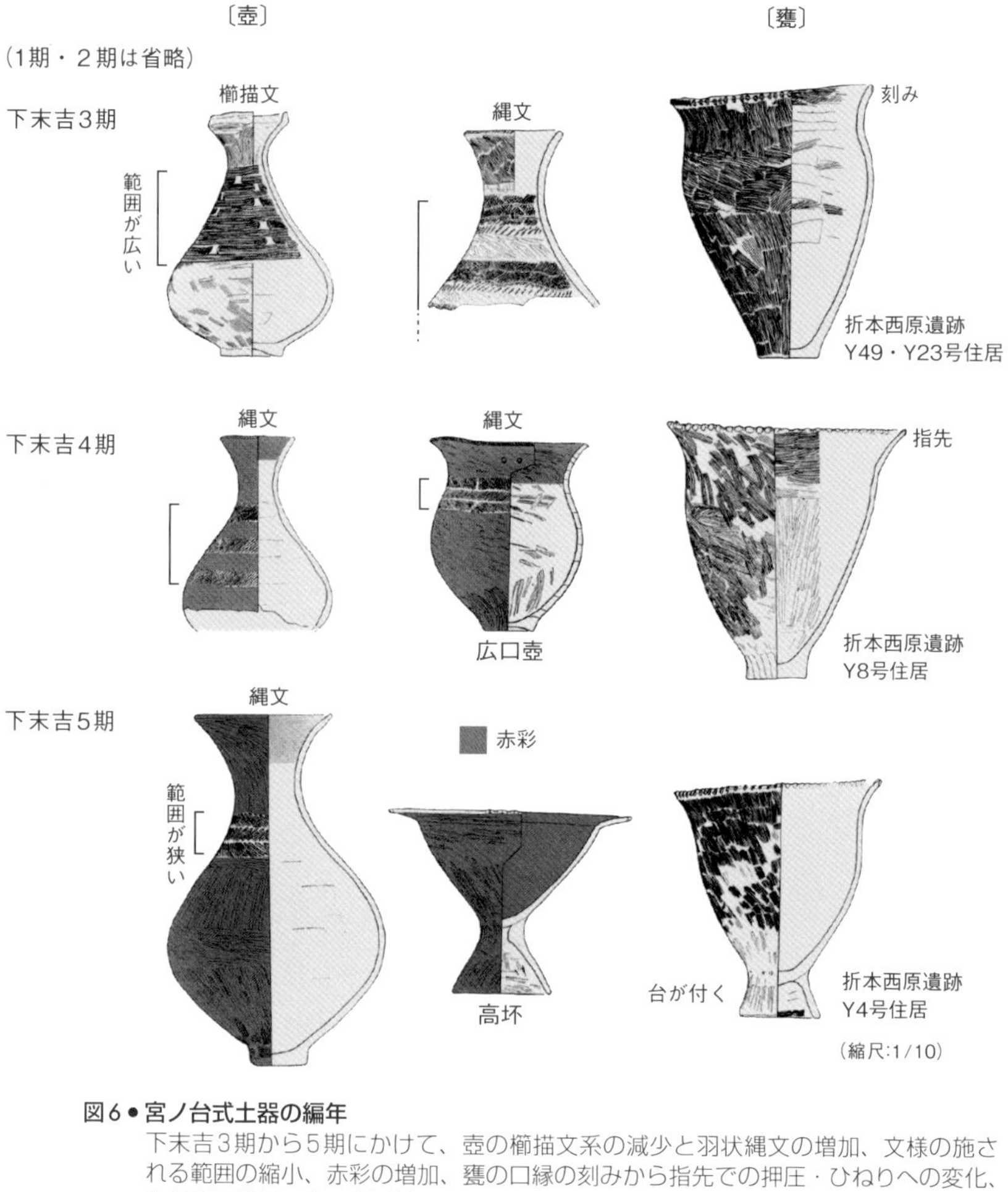

図6●宮ノ台式土器の編年
下末吉3期から5期にかけて、壺の櫛描文系の減少と羽状縄文の増加、文様の施される範囲の縮小、赤彩の増加、甕の口縁の刻みから指先での押圧・ひねりへの変化、台付甕の増加、壺・甕以外の器種の増加などの変化が生じる。

文でモチーフを描くようなものから羽状《うじょう》縄文が多くなる。壺の上半部全体に文様が描かれていたのが頸部だけになり、赤く塗られる土器が増える。甕は口縁部に刻みが多かったのが、指先で押さえたりひねるものが多くなり、台付きの例が増加する。また、新しい段階には壺・甕以外の高坏や鉢などの器種が増加する。この編年にあてはめると、大塚遺跡の宮ノ台式土器はすべて古い段階、下末吉3期のものである。

宮ノ台式の櫛描文はそれまでの関東地方にはみられず、東海地方の白岩《しらいわ》式の強い影響を受けていることが、安藤によって指摘された。白岩式は静岡県全域に分布しており、擬似流水文や横線文といった櫛描文のモチーフや、壺の器形、文様の幅が広い点などが宮ノ台式と共通する。ただし縄文系の文様は白岩式にはみられず、関東の在地の土器の流れを引くものである。

つくられた石斧・運ばれた石斧

大塚遺跡から出土した石器をみてみよう（図7）。石斧は弥生時代に登場する大陸系磨製石斧とよばれるものである。太形蛤《ふとがたはまぐりば》刃石斧は木材の伐採、扁平片刃《へんぺいかたば》石斧と柱状片刃《ちゅうじょうかたば》石斧は木材の加工に使われたと考えられている。

大塚遺跡では太形蛤刃石斧の未成品（つくりかけ）もみつかっており、小型の石斧のなかには丸みを帯びた自然礫に刃をつけたようなものもある。住居内から砥石や敲石《たたきいし》などの石器製作に用いられた石器も出土している。ムラで石斧をつくっていたことはまちがいないが、遺跡の近くでは石器づくりに適した良質な石材がとれない。西に二〇キロほど離れた相模川沿いで石斧の材料になる石を拾っていたのだろう。

しかし、大塚遺跡からはもっと遠くの石材でつくられた磨製石斧もみつかっている。それが長野県千曲《ちくま》川流域産の変質ドレライト（輝緑岩《きりょくがん》）とよばれる石材である。長野市の榎田《えのきだ》遺跡は、この石材を使った磨製石斧の未成品が大量に出土した生産地である。

この榎田産の変質ドレライト製の磨製石斧は東日本の広い範囲に流通しており、産地から約一七〇キロも離れた港北ニュータウン遺跡群でも出土している。大塚遺跡では完形品こそ出土しなかったが、榎田産の太形蛤刃石斧を叩き石として再利用したものが二点出土した。木材の伐採に使用した太形蛤刃石斧を、壊れた後も徹底的に再利用したことを示している。

じつは宮ノ台式期になると、南関東でも鉄斧《てっぷ》が出土するようになる。ただし大塚遺跡からは一点も出土しなかった。このことからもわかるように、鉄器の供給量は限られており、木材の伐採や加工において磨製石斧のはたした役割は大きかった。

図7● 大塚遺跡出土の石器
磨製石斧とそれをつくるための道具である。手前左から、太形蛤刃石斧、柱状片刃石斧2点、扁平片刃石斧2点。奥は砥石と敲石である。

3　ムラのかたち

集落のつくり

大塚遺跡では、宮ノ台式期の遺構としては、環濠、竪穴住居、高床倉庫のほか（図８・９）、土坑《どこう》、溝、柱穴列《ちゅうけつれつ》などの用途不明の遺構がある。これらの遺構のほとんどは環濠にかこまれた内側でみつかっている。竪穴住居はほぼ全面に分布しているが、北西側に中期の竪穴住居の分布しない範囲があるなど、分布には濃淡がある。

環濠の北西側（図の左端）では底部に四本のピットが検出されており、ここに橋がかけられていたのではないかと推測されている。一方、反対の南東側の歳勝土遺跡方面では削平を受けて残りが悪かったためか、こうした痕跡はみつからなかった。だが、この大きさのムラの出入口が一カ所だけだったとは考えにくい。古屋紀之は、旧道よりやや北東側の濠底部で検出されたピット群に注目して、ここにも出入口があったと考えた。

遺跡の北西側では、旧道付近に竪穴住居の分布しない空白部分が帯状に続いており、弥生時代もここに通路があったのではないかと想定された。北西側の出入口と考えられるピット群はこの通路の延長上にあった。南東側では古屋の想定した出入口につながるように旧道より北東にずれた位置に通路があったと推測できる。

竪穴住居の分布をみると、重なり合って密集している部分とまばらな部分がある。これによって、全体を大きく三つないし四つのグループに分けることができる。

環濠とはなにか

環濠とは集落のまわりにめぐらされた溝である。弥生時代の集落には環濠をともなうものが多い。このような環濠集落は縄文時代にはみられないことから、朝鮮半島から稲作とともに伝わったものだと考えられている。

環濠の機能については、ムラを守るための防御施設だとする意見がもっとも有力である。弥生時代に稲作がはじまると、土地や水をめぐって集団の間で争いがおこり、敵からムラを守るために環濠をめぐらせたのだというのである。世界的にみても、農耕がはじまると溝や防壁などの防御施設をもつ集落がつくられるようになる。一方、環濠は防御施設ではないという意見も出されている。これはせっかく掘った環濠がすぐに埋まっている場

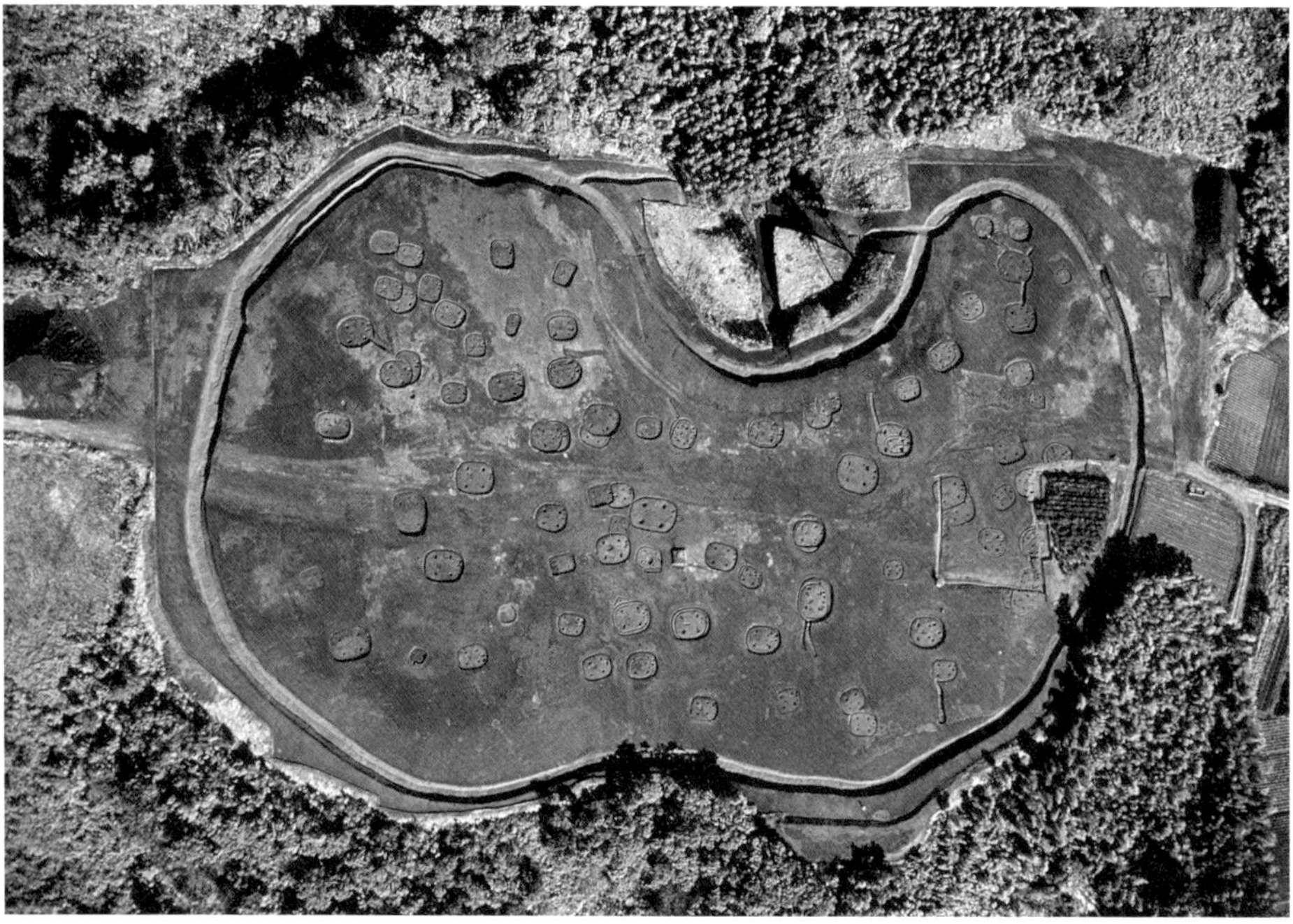

図8●真上からみた大塚遺跡（1975年11月撮影）
写真の左上が北である。竪穴住居の分布にはっきりした規則性や区画はみられないが、写真の左上、中央下側、右上などに集中している。なお写真だと平らにみえるが、集落内には最大5mほどの高低差があった。

合が多いことや、関東地方では環濠以外には戦争を示すような証拠（武器や殺傷人骨）がほとんどみつからないためである。たとえば、環濠は集落と外の世界を区画して集団の結束を強めるために掘られたとする説などがある。

このような環濠の性格についての議論は大塚遺跡の発掘当時からつづいている。大塚遺跡で発掘された環濠のあり方やそこで復元された土塁の評価が、こうした議論に直結してきたのである。

大塚遺跡の環濠の変遷

大塚遺跡の環濠は、台地の縁辺部を全周している。発掘調査時には弥生時代中期の生活面の探求がおこなわれ、Ⅲ層黒色土中にあることが確認された。これは環濠の検出面とあまり変わらないため、

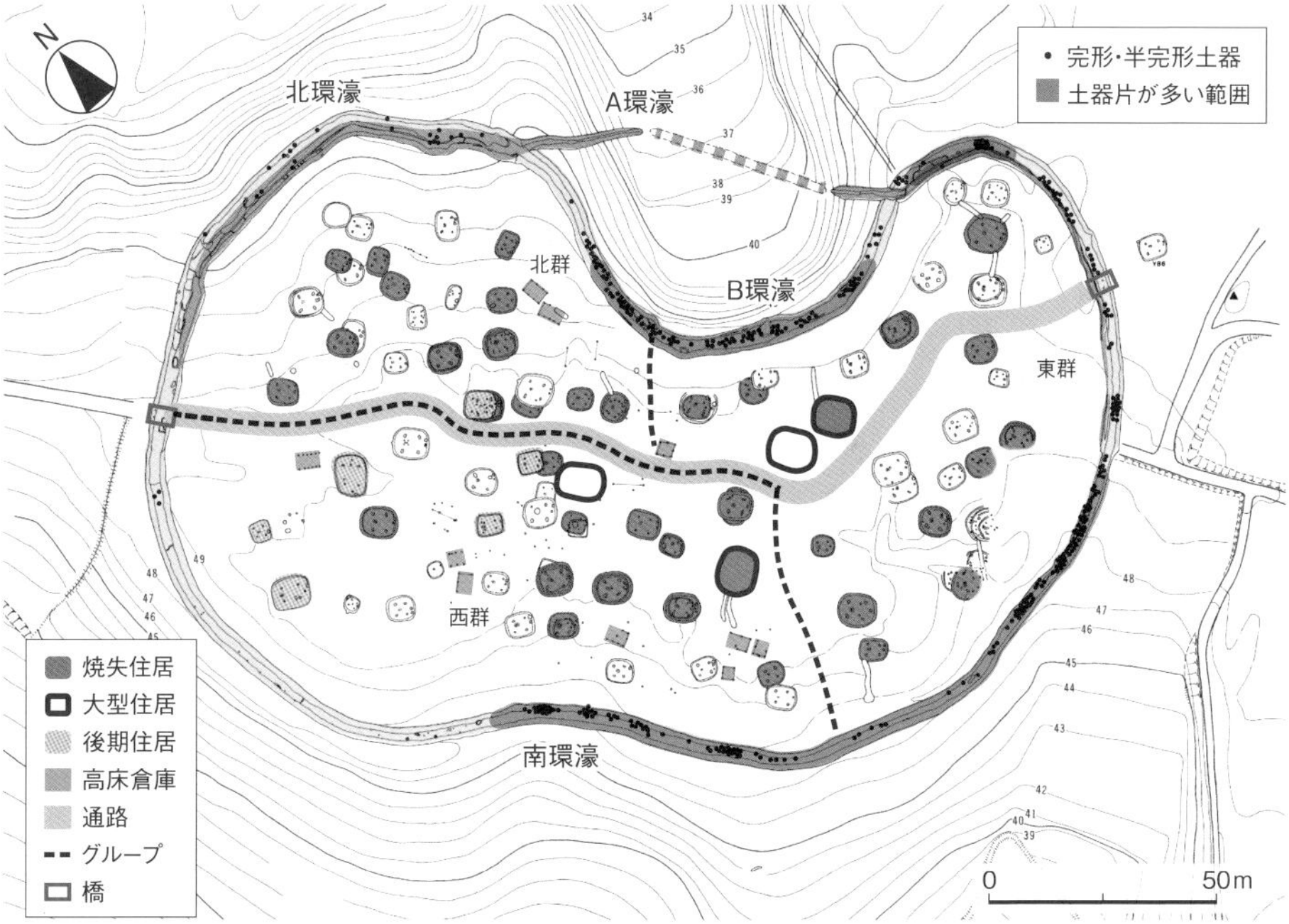

図9 ● 大塚遺跡の平面図
台地の縁辺部を環濠がめぐっている。A環濠はB環濠の内側に掘り直され、くびれ部分でB環濠と交差して谷底に下りている。ここでは竪穴住居を北群、西群、東群の3つのグループに分けて図示したが、東群をさらに旧道付近で南北に分ける意見もある。

環濠の大部分は大きく削平されておらず、当時の規模を残していたと考えられる。台地上は平坦面ではあるが、中央部が尾根状にやや高くなっており、ここを道路が通っていた。発掘調査時および報告では、この道路を境に南環濠と北環濠に便宜的に区分していた。

発掘調査の結果、北環濠では環濠が二本重複していることが明らかになった。これをA環濠・B環濠とよんでいる。A環濠が新しく、B環濠の内側に位置をずらして掘り直している（図10）。南環濠ではこうしたA・B環濠の重複は確認できなかった。B環濠は北東側に谷が入ってくびれており、繭形やカシューナッツ形とよばれている。断面は上が開いて底が平らな逆台形になっている部分が多い（図11）。A環濠は北東側の谷をとり込むような形でのび、全体の平面形は不整な楕円形となっている。B環濠の幅は上縁で四・〇〜四・五メートル、底面で一・二〜三・二メートル、深さは一・四〜二・二メートルである。A環濠はこれよりやや小さい。

環濠にかこまれた範囲の面積はB環濠で一万九〇〇〇平方メートル、A環濠で二万二〇〇〇平方メートルであった。小倉淳一は、B環濠の掘削土量は二九〇〇立方メートルであり、掘削

図10● 重複する環濠
北環濠の西側。左がA環濠、右がB環濠。写真の左側が集落内である。外側のB環濠がかなり埋まった段階で、内側のA環濠が新しく掘り直されている。

には三〇人で四八日程度の日数を要したと試算した。これに対してＡ環濠の掘削土量は一九〇〇立方メートルであり、掘り直し部分がローム層より掘りやすいことも含めて掘削のための労働力が節約されている。

大塚遺跡の環濠内には水は張られていなかった。なぜなら環濠の底部の標高が一定しておらず、最大で六メートルもちがいがあるからである。また、濠内部の土層の堆積も水平ではなく、水底にたまった土とは考えられない。

環濠からは土器片がたくさん出土したが、層位ごとに破片数をみると上層にいくにつれて増加している。ただし、もっとも新しいＡ環濠からの出土数は少なかったので、この段階には集落の規模が小さくなっていたか、あるいは存続期間が短かったのかもしれない。

土器片とはちがい、完形土器は中層下部と下層に多く上層に少なかった。また、集中する範囲も土器片とは異なっている（**図9参照**）。とくに中層下部ではまったく損傷のない土器が集中投棄されたような状態で出

図11 ● 環濠の断面形
左：台地上の多くの部分では、環濠の底部が平らで断面は逆台形になっている。
右：谷部を横断する部分では、環濠の幅が狭く断面はＶ字形になっている。

土した（図12）。これらの完形土器は意図的に廃棄されたのだろう。集落が大規模な火災にあい大量の土器が捨てられたのかもしれない。

環濠から出土したのはほとんどが宮ノ台式土器だったが、弥生時代後期の朝光寺原《ちょうこうじばら》式土器の破片が二点だけ、南環濠の上層から出土している。弥生時代後期の段階まで、埋まりかけた状態で浅い溝が残っていたことがわかる。ただし、おそらく環濠本来の機能はすでにほとんど失われていただろう。

図12●環濠から出土した土器（南環濠の土器集中部）
中層下部で完形・半完形の土器がまとまって出土したことから、環濠がある程度埋まった段階で、土器を大量に捨てたことがわかる。

大塚遺跡の土塁

環濠がムラを守るための防御施設だったとすれば、土塁《どるい》や柵列《さくれつ》などの防御施設と組み合わせていたかもしれない。大塚遺跡の発掘調査では土塁そのものは確認されなかったが、環濠の土層断面を観察すると外側からの土の流れ込みがみられた（図13）。この堆積は、環濠の外側に築かれた土塁から流れ込んだ土ではないかと考えられた。また、環濠の外側にローム が堆積している部分があり、掘った土を外側に積んだことを示している（図14）。

こうした見解は、発掘の初期段階から調査に参加したメンバーの共通見解となっていた。中近世の城では堀の内側に城壁や土塁がつくられるのが普通だが、弥生時代には逆に外側に土塁があったと考えたのである。この外側土塁説は一九七六年の概報で公表され、その後の環濠集落の研究や復元に大きな影響を与えた。現在の横浜市歴史博物館の展示や遺跡公園の復元は、外側土塁になっており、土塁の上にさらに柵列を設けている。

これに対して、外側土塁では防御施設として機能的ではないとする疑問も出されている。そもそも外側土塁の根拠とされた土層の堆積は、外側に土を積んでいたことを示すものであっても、土塁があったことの直接の証拠とはならない。一九九四年の本報告では、土塁についてより慎重な表現となっていた。

あらためて調査当時の写真を見直すと、環濠の外側に掘り上げた

図13● 環濠内の土層堆積
右側が集落の内側。環濠の外側から黄褐色のロームを含む土が流れ込んでいるのがわかる。このような堆積が環濠の外側に土塁があった証拠だと考えられた。

図14● 集落外側のロームの堆積
写真の右側（集落の外側）の表土の下に、黄褐色のロームを多く含む層が堆積しているのがみえる。環濠を掘ったときに外に積まれた土の可能性が高い。

土を積み上げていたこと自体はまちがいなさそうである。しかし、土塁を築いたのかどうかまではわからない。一方、環濠と住居跡の関係をみると、一番近いところでも二メートル離れている。住居同士では切り合うほど密集しているのに環濠には近づかないことから、環濠の内側にも掘り上げた土が積まれていたのかもしれない。

4　ムラに住んだ人びと

竪穴住居

環濠集落は、環濠をもたない集落とくらべて集落の境界が明確である。そのため集落の規模や人数についての考察がしやすい。大塚遺跡では弥生時代中期の住居はほとんど環濠の内側にあるため（一軒だけ南東側の環濠外にある）、集落のまとまりが把握しやすい。

弥生時代中期の竪穴住居は七八軒みつかった。竪穴住居の平面形は楕円形だが、丸みの強い円形に近いものから長方形に近いものまである（図15）。長軸六〜七メートルのものが多い。

建物の四隅に大きくて深い穴（ピット）が四つ掘られている。屋根を支える柱が立てられていた主柱穴である。建物の中央から少しずれた位置には炉（いろり）がある。竪穴の長軸上の炉と反対側、壁から三〇〜六〇センチの位置にもピットがある。このピットは、出入口のハシゴを固定するための穴である。このピットにハシゴの木材が斜めに刺さって出土した住居もある。出入口の横の壁沿いには浅い円形の貯蔵穴がつくられている。壁際には溝がめぐっており、ここに土留めの壁材を立てていたと考えられている。

竪穴住居は、隣り合う竪穴同士が切り合ったり（図16①）、壁溝《へきこう》や柱穴が掘り直されている場合が多い。こうした掘り直しは建て替えの痕跡である。とくに壁溝が平行で入れ子状になっている場合は「同心円状の重複」や「連続的な重複」とよばれている（図16②）。古い竪穴住居を　まわり大きく拡張したもので、中断期間なしに連続的に建て替えられたものだと考えられる。一方、壁溝が切り合ったり長軸の向きが異なる場合は「非連続的な重複」とよばれる。古い竪穴住居が埋まって壁の位置や向きがわからなくなった後に、新しい竪穴住居がつくられたものだと考えられるためである。

大塚遺跡では連続的な重複が二一軒、非連続的な重複が九軒でみられた。こうした建て替えの多さが宮ノ台式期の住居の特徴である。非連続的な建て替えが二回おこなわれた住居があり、竪穴が埋まる期間を考えると五つの段階があったことになる。また非連続的な重複一回を含めて六つの住居が重なっている例もあった（図16③）。こうした事例から、大塚遺跡の竪穴住居群は少なくとも五～七段階にわたって建て替えられたことがわかる。

図15●竪穴住居
4本の柱をもつ竪穴住居。中心から少し左にずれた位置にある変色した部分が炉である。右側の壁近くにあるのがハシゴ穴である。

大塚遺跡の竪穴住居は建て替えを考慮しないと七八軒だが、連続・非連続の建て替えや炉・柱穴の重複も別に数えるとのべ一一五軒となる。住居の寿命がだいたい同じくらいで各段階の集落規模が同程度と仮定し、大塚遺跡の住居群を五段階に分けると、同時存在の住居数は平均二三軒となる。ここから同時存在の住居数を二〇〜二五軒程度とみて、一軒に五〜六人程度の家族が住んだと仮定すれば、大塚遺跡は人口およそ一〇〇〜一五〇人のムラだったといえる。

①切り合う竪穴住居：2軒の竪穴住居が切り合っている。古い住居が完全に埋まった後に新しい住居がつくられた。

②同心円状の重複：宮ノ台式期に特徴的で、「連続的な重複」ともよばれる。2本の壁溝が入れ子状に平行に走っている。大塚遺跡ではすべて内側が古く、外側が新しかった。

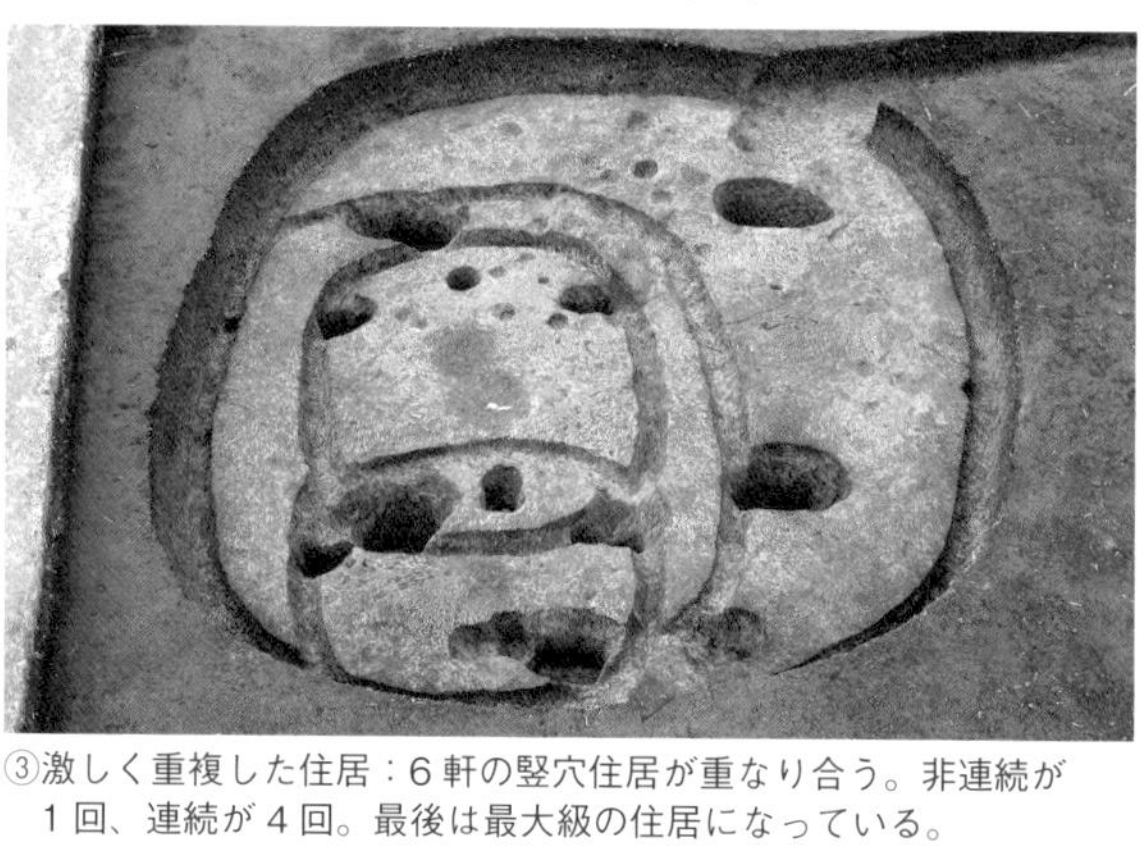

③激しく重複した住居：6軒の竪穴住居が重なり合う。非連続が1回、連続が4回。最後は最大級の住居になっている。

図16 ● 竪穴住居の切り合い・重複

竪穴住居群の変遷

竪穴住居の重複から、集落が五段階にわたって変遷したと推測した。しかし、互いに離れた位置にある竪穴住居について同時性や前後関係を示すことは困難である。小宮恒雄は、竪穴住居から出土した土器にもとづいて、大塚遺跡の集落の変遷を三つの時期に分けた（図17）。

時期を推定することができた住居は1期一三軒、2期一九軒、3期二〇軒であり、どの時期も集落の全体に分布している。集落を三つのグループに分けてみても、どれかのグループがほかよりも古いというわけではない。大塚遺跡は最初からいくつかの集団で構成された環濠集落として成立したのだろう。

炭化した木材や焼土が厚く堆積している場合は、なんらかの理由で住居が焼け落ちたものだと考えられる（図18）。大塚遺跡ではこうした焼失住居が三九軒もあった。その比率は全体のほぼ半数に達し、たんなる不注意による火事だとするにはあまりに多い。

じつは焼失住居の比率が高いのは大塚遺跡だけではなく、宮ノ台式期の環濠集落で一般的にみられる現象である。弥生時代は戦争がはじまった時代だと考えられてきたので、こうした宮ノ台式期の焼失住居については、争いのなかで焼き討ちにあった可能性が考えられてきた。しかし、大塚遺跡の焼失住居を検討した久世辰男によれば、焼失住居からは土器があまり出土しない場合も多く、燃える前に片づけがおこなわれたようである。これは戦乱のなかで燃やされたとするには都合が悪い。他の場所に移動する前に住居をわざと燃やしたのだと久世は主張する。この解釈をとる場合は焼失住居の多さは当時の移動の多さを反映していることになる。

小宮の想定した三つの時期ごとに焼失住居の割合をみると、1期・2期は七~八割と非常に高いが、3期には四割に減少する。焼き討ち説であれば争いが少なくなったのかもしれないし、片付け説であればあまり移動しなくなったのかもしれない。

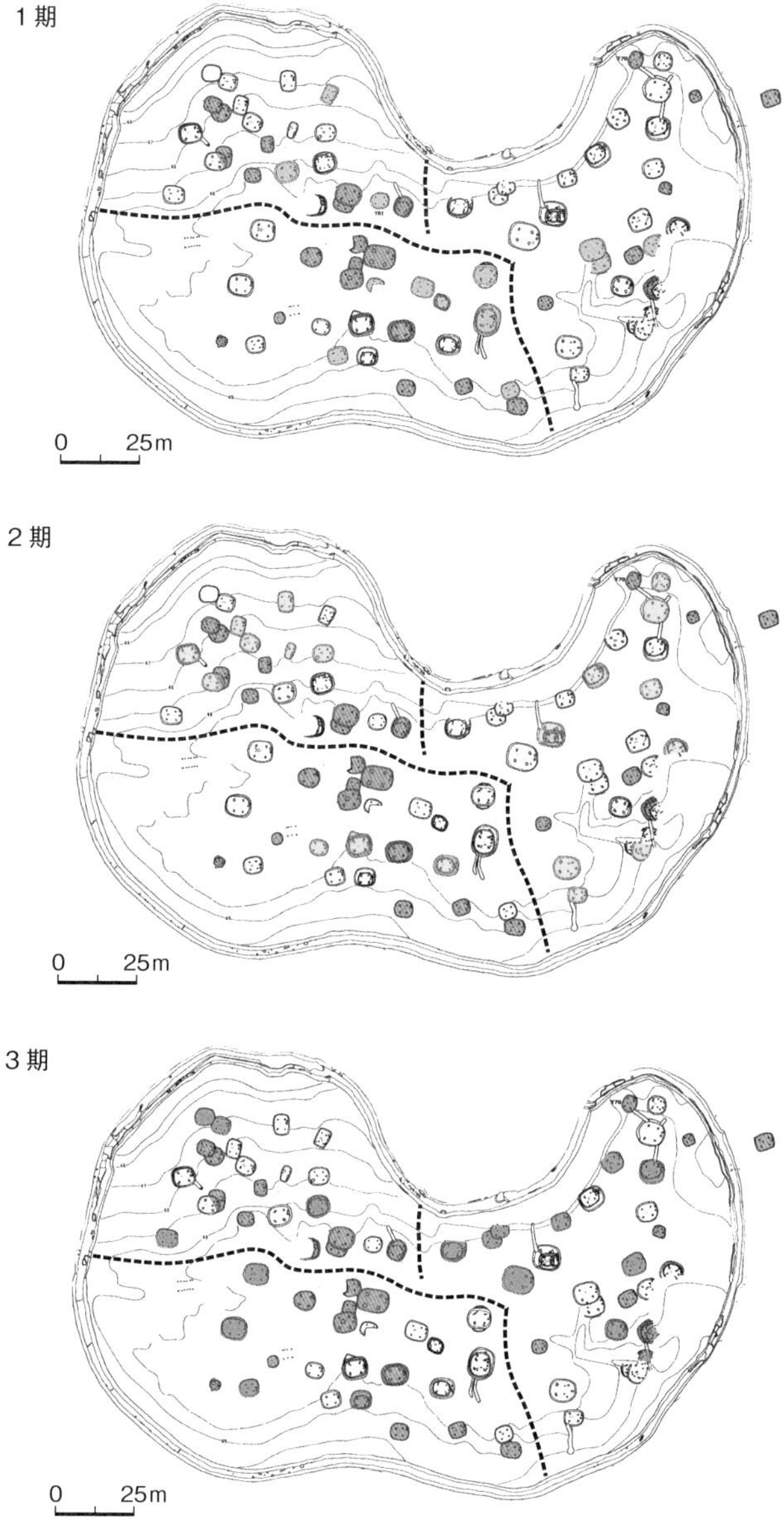

図17●竪穴住居群の変遷
報告書で示された小宮恒雄による3期区分を色分けして図示した。灰色は時期不明とされた住居。

大塚遺跡の古さと存続期間

大塚遺跡はいったい何年前の遺跡なのだろうか。発掘当時からおよそ二千年前の遺跡とされてきたが、二〇一七年に横浜市歴史博物館で開催した特別展「横浜に稲作がやってきた⁉」にあわせて、國木田大によって土器の付着物や保管されていた炭化物の年代測定がおこなわれた。その結果、大塚遺跡の年代は紀元前三世紀代後半から紀元前二世紀代前半と推測された。これは従来考えられていた年代よりも二百年程度古い。この年代値が正しいかどうかについては、まだ今後の研究をまつ必要がある。だが同時におこなった権田原《ごんたっぱら》遺跡の年代測定では、後続する下末吉4期や5期についても従来の想定よりも古い値が得られており、およそ二二〇〇年前という結果は妥当なものではないかと考えている。

では大塚遺跡の存続期間はどれくらいだったのだろうか。先にみたように、大塚遺跡の竪穴住居は五〜七段階にわたり建て替えられていた。一軒の竪穴住居に住んだ期間を仮に一〇〜一五年程度だとすれば、全体で五〇〜一〇〇年ほどの存続期間となる。

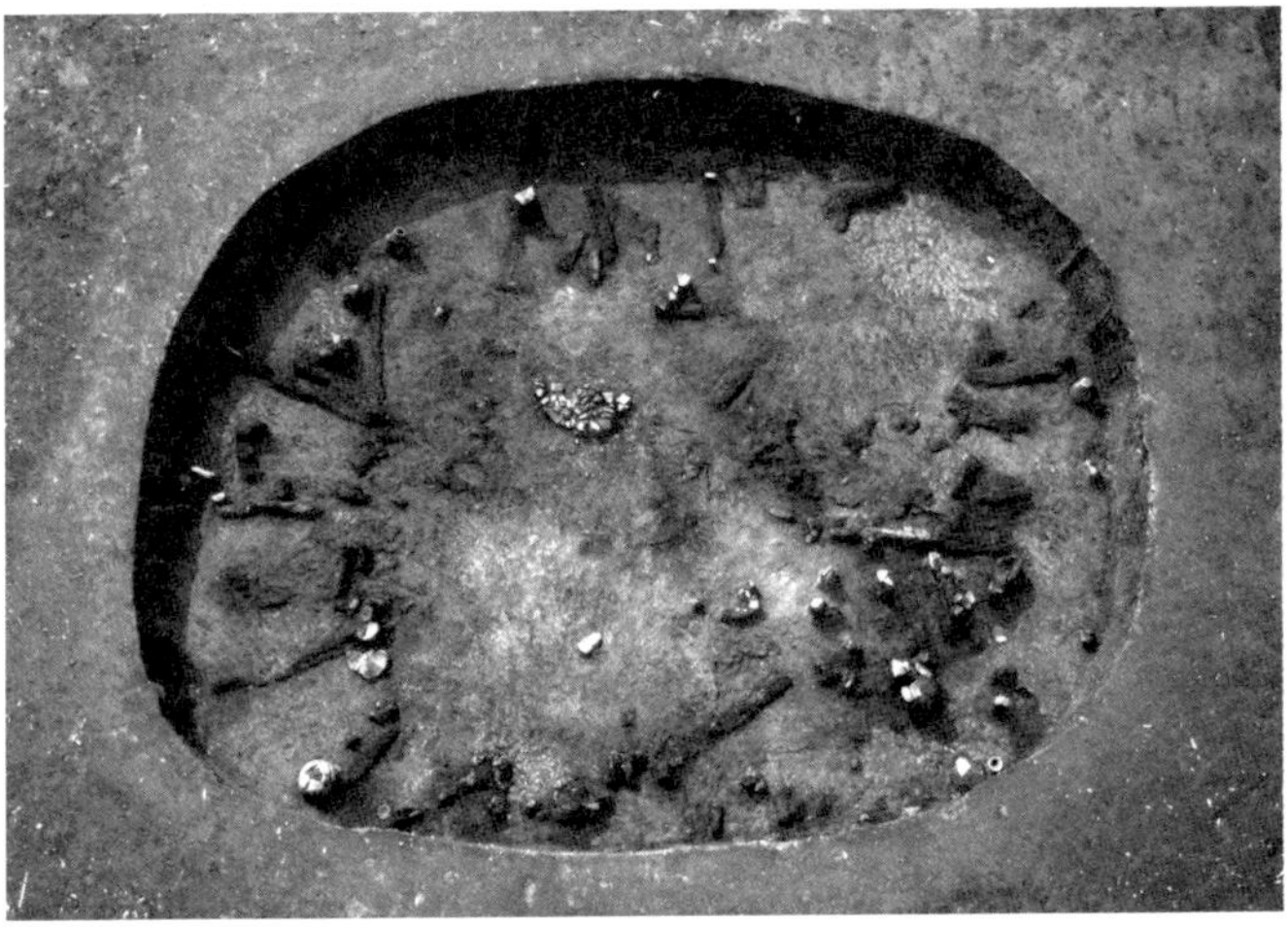

図18●焼失住居と焼土の堆積（Y61号住居跡）
床面から焼土や炭化材が出土した。厚く堆積した焼土を根拠に土屋根だったとする意見もあるが、大塚・歳勝土遺跡公園を含め、宮ノ台式期の住居は茅葺きに復元されることが多い。

リーダーの家？

宮ノ台式期の集落には、飛びぬけて大きな竪穴住居がつくられていることがある。大塚遺跡の竪穴住居は、長軸では最小三・一メートルから最大九・七メートル、面積では最小五・一平方メートルから最大五九・二平方メートルまでとかなりの開きがある（図19）。とくに面積が四五平方メートルを超える四軒は、ほかの住居がすべて四〇平方メートル未満であるのとくらべると際立って大きく、大型住居といってよさそうである。これらの大型住居の位置をみると、集落の中央部付近に位置している（図9参照）。

こうした大型住居の役割については、リーダーなど特別な人物が住んだ家だった可能性と、集会場や作業場など異なる用途の建物だった可能性がある。もちろん両者の要素を兼ね備えていたかもしれない。大塚遺跡の場合は、構造や出土遺物の点からはほかの竪穴と異なる点はないので、集会場や作業場だったとは考えにくい。したがってリーダー的な人物の家だった可能性が高いが、なにか特殊な遺物が出土したり、ほかの住居との間を区画するようなことはおこなわれていない。リーダーと他の住民とのちがいはそれほど大きくはなかったのだろう。

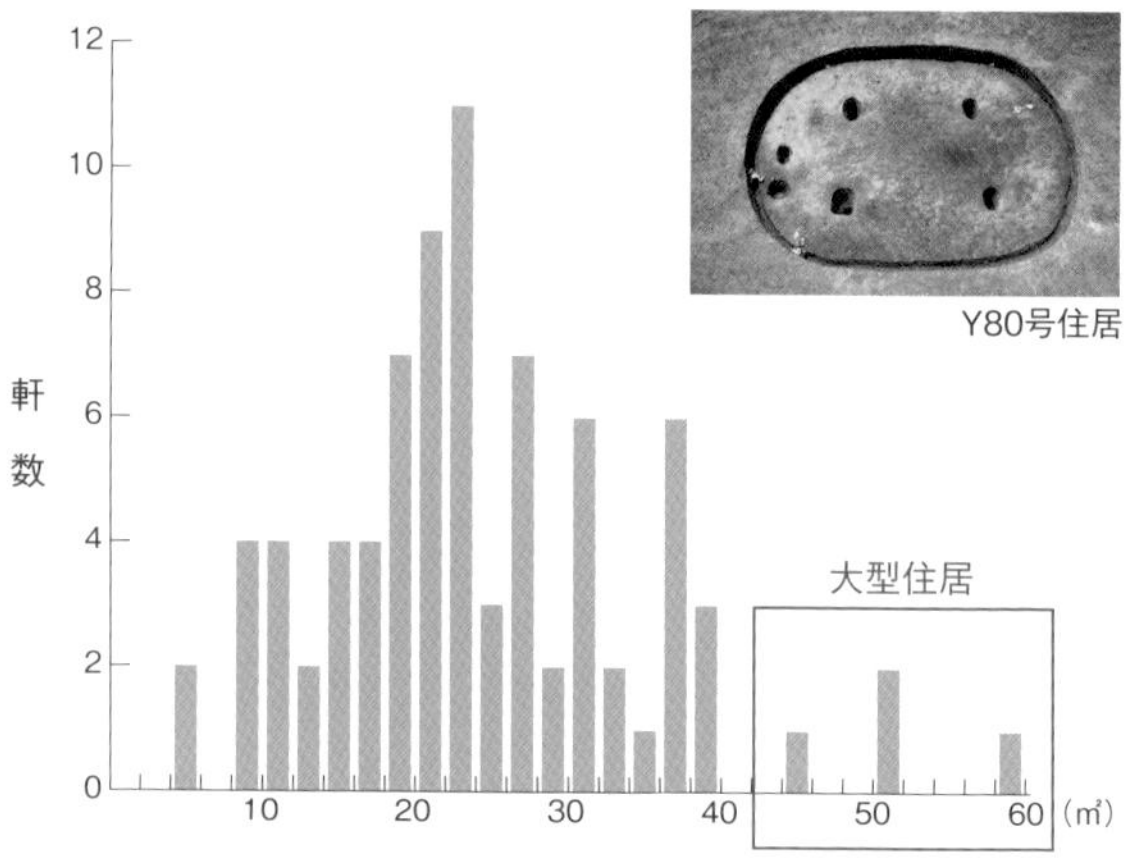

図19●竪穴住居の面積
建て替えの前後も含めて、面積がわかる83軒の竪穴住居を比較した。右上写真は、長軸9.7mと大塚遺跡では最大のY80号住居。構造はほかの竪穴住居と同じで、出土した遺物もとくに目立つものはない。

高床倉庫

大塚遺跡では、柱穴が長方形にならんだ掘り込みのない建物跡が一〇棟みつかっている（図20）。平均的な竪穴住居よりも小さいことや炉がみつからなかったことから、生活の場だったとは考えにくく、静岡県の登呂遺跡でみつかったような高床式の倉庫の跡だと推測されている。小さな柱穴は大きく地面を掘り込んだ竪穴にくらべるとみつけにくい。一〇棟のうち八棟は、北西側の追加調査で弥生時代の面を掘り下げたときにみつかったものである。掘り下げずに保存された南東側にも存在した可能性が高く、全体では一五棟程度あったと考えられる。

高床倉庫は集落の北西側にまばらに分布しており、集落全体で一カ所にまとめて管理していたわけではない（図９参照）。しかし、竪穴住居よりずっと少ないことから、住居一軒に対してそれぞれ一棟の倉庫が対応していたとも考えられない。おそらく数軒の家が共同で倉庫を使っていたのだろう。

これらの倉庫ではなにが保管されていたのだろうか。遺物がほとんど出土しないため直接的な証拠はないが、おそらくは貯蔵可能な食料であろう。より想像をたくましくすれば、食料であり翌年の種もみでもあるイネが保管されていたのかもしれない。

図20 ● 高床倉庫
6本の柱が2列にならんでいる。大きさは4.8ｍ×3ｍ。

第2章　墓域・歳勝土遺跡

1　方形周溝墓とはなにか

歳勝土遺跡の発見

歳勝土遺跡は大塚遺跡の墓域である。墓域は大塚遺跡の南東側に八〇メートルほど離れた場所にある（図21）。遺跡は東西の台地に分かれているが、おもに調査されたのは西側の台地である。東西約八〇メートル、南北約一三〇メートルの広さで、標高は約四八メートルである。

歳勝土遺跡の発掘調査は、ほぼ二〇年におよぶ港北ニュータウン遺跡群の調査の初期におこなわれた。一九七二年三月、調査団の本部が歳勝土遺跡のふもとにあたる場所に移転してきた。ある日裏山に上った調査員が、畑の土取りで縄文時代の竪穴住居がむき出しになっていることに気づいた。このころは早渕川南岸の遺跡で発掘調査がはじまっていたが、事務所のすぐ背後にあり、破壊が差しせまっている歳勝土遺跡をまず調査することになったのである。

歳勝土遺跡の発掘調査は一九七二年四月から翌年三月までほぼ一年かけておこなわれた。最初に確認された縄文時代中期の竪穴住居群は遺跡の西側から台地の縁辺部にかけて広がっている。この東側から弥生時代中期の方形周溝墓群がみつかった。この方形周溝墓群は東側の台地にもつづいていることが確認されたため、両方をあわせて歳勝土遺跡とよんでいる。大塚遺跡

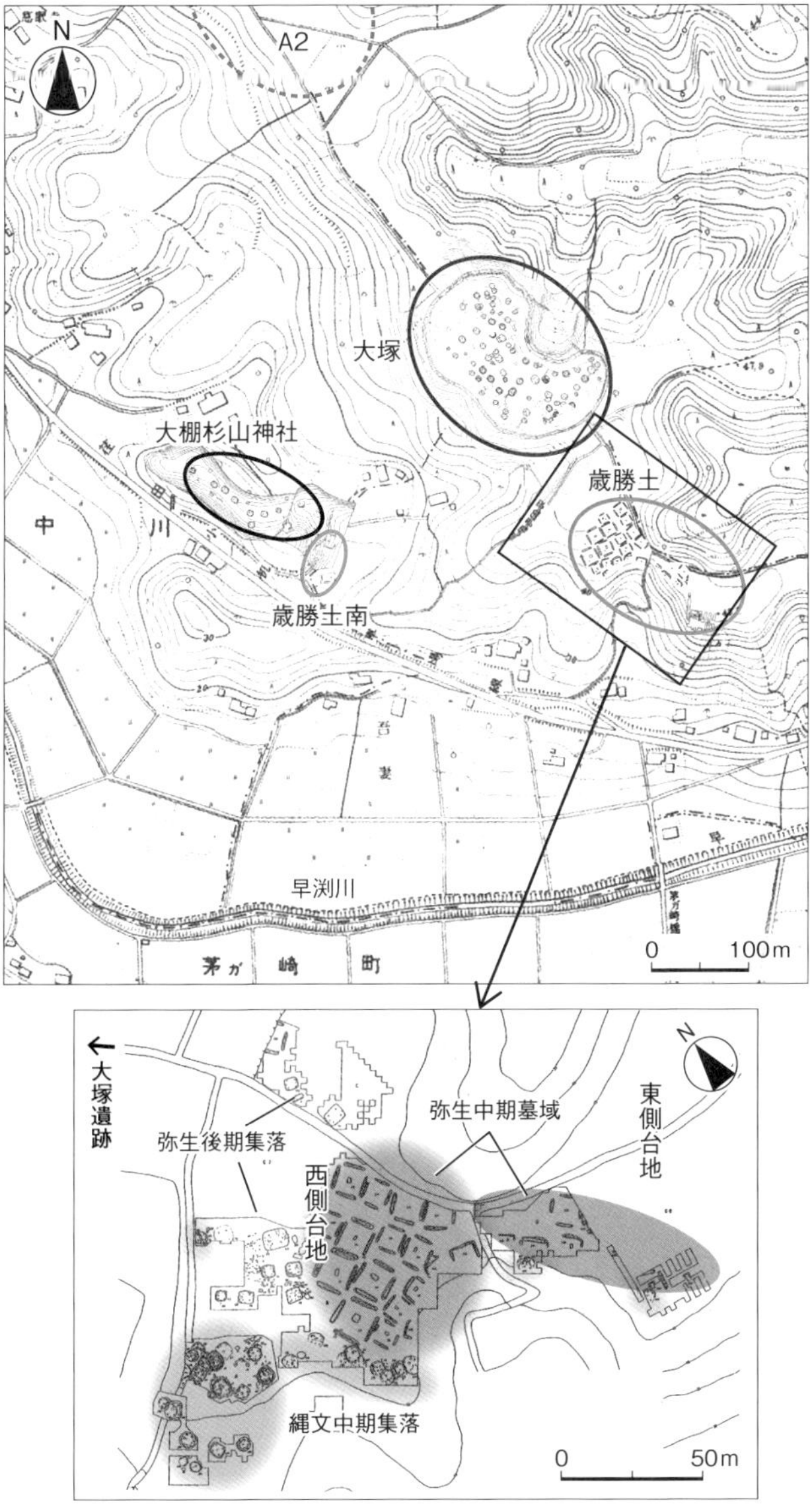

図21 ● 大塚遺跡と歳勝土遺跡の位置関係
大塚・歳勝土遺跡は早渕川の屈曲部を望む台地上にあり、一段低い台地に大棚杉山神社遺跡と歳勝土南遺跡がある（上図）。歳勝土遺跡の調査のきっかけとなった縄文時代の竪穴住居群は台地の縁辺に沿って広がり、台地上の平坦面からは弥生時代中期の方形周溝墓群と後期の竪穴住居群がみつかった（下図）。

へとつづく北西側からは、弥生時代後期の竪穴住居群と方形周溝墓一基がみつかっている。

歳勝土遺跡の発掘調査のきっかけとなったのは縄文時代中期の竪穴住居であり、この台地上には大きな環状集落があったらしい。だが調査の進展とともに注目を集めたのは、弥生時代中期の方形周溝墓群であった。

方形周溝墓とはなにか

方形周溝墓とは四本の溝を四角形（方形）にならべ、その中央に遺体を埋める墓穴（主体部）を設けた墓である。つくられた当時は、四方の溝を掘り上げた土を中に盛り上げていた（**図22**）。ほとんどの遺跡ではこのマウンド部分は後世に削られてなくなってしまい、四本の溝と中央の主体部だけが残されている（**図23**）。高く塚状に土を盛り上げる古墳とはちがい、この盛土はせいぜい数十センチの高さであり、溝で周囲を区画することにおもな目的があったとも考えられている。

方形周溝墓は歳勝土遺跡調査の八年前、一九六四年に東京都八王子市の宇《う》津《つ》木《き》向《むかい》原《はら》遺跡の発掘調査ではじめてみつかり、すぐに研究者の注目を集める存在となった。方形周溝墓が注目さ

図22 ● つくられたころの方形周溝墓
失われていた盛土の部分を復元した模型。中央に墓穴を掘って埋葬しているところ。参列者が儀式に使う壺を持っている。

れたのは、たんに新発見の遺構のものめずらしさのためではない。弥生時代より前の縄文時代の墓は、土を掘って穴に遺体を埋める土坑墓が主である。墓の規模や副葬品には大きなちがいはみられず、縄文時代が平等な社会だったことを示している。一方、弥生時代の後の古墳時代になると、巨大なマウンドをもつ古墳がつくられるようになる。大きな労力をかけて築かれ多くの副葬品をもつ古墳は、古墳時代に階級のちがいがあったことを示している。

弥生時代の方形周溝墓は十数メートルの大きさであり、巨大な古墳とは比較にならないが、土坑墓とくらべればかなり規模が大きい。方形周溝墓は、階級社会の成立過程を解き明かすという観点からも注目されていたのである。

弥生時代のはじめには、東日本の広い範囲で再葬墓《さいそうぼ》とよばれる墓がつくられていた。これは遺体をいったん埋めておくなどして骨にしてから、その骨を大型壺に収めて埋葬するという複雑な葬儀の方法である。弥生時代の再葬墓は港北ニュータウン遺跡群の調査ではまったくみつからなかったが、二〇一二年には南東に二キロほど離れた新羽《にっぱ》浅間《せんげん》神社《じんじゃ》遺跡で弥生前期末〜中期初頭の土器棺《どきかん》再葬墓がみつかった。同じ時期の集落遺跡はみつかっていないので、しっ

図23 ● 方形周溝墓の発掘調査風景（S3号）
最大の方形周溝墓を清掃しているところ。西溝（右側）の長さが10.3mあり、溝にかこまれた範囲は東西14.5m、南北14.9m。溝の幅は1.5〜2m、深さは0.6〜1m程度だった。

かりした住居をつくらずに移動的な生活を送っていたのだろう。

こうしたなかに登場したのが、方形周溝墓である。遺体を骨にせずに埋葬する点、大がかりな施設をつくる点など、それまでのこの地域の墓制とはまったく異なっている。現在の研究では、方形周溝墓は弥生時代前期から古墳時代前期にかけて、九州から東北地方にかけて分布することがわかっている。最初に出現したのは弥生時代前期の近畿地方で、その後東海地方に広がり、中期の半ばに関東地方に登場した。横浜市域では、まさに稲作の開始とともに出現した墓なのである。

横浜市域の方形周溝墓

歳勝土遺跡以前にも、横浜市域ではいくつかの遺跡で方形周溝墓がみつかっていた。なかでも一九六七・六八年におこなわれた朝光寺原遺跡の発掘調査では二四基の方形周溝墓がみつかったが、土器をともなっていなかったため、時期を決めることができなかった。当時は、方形周溝墓は弥生時代の終わりごろの墓だと考えられていた。それが歳勝土遺跡の調査によって、中期の宮ノ台式の時期にさかのぼることがわかったのである。

その後の港北ニュータウンの調査では、一九八〇年代前半に能見堂《のうけんどう》遺跡で五四基の方形周溝墓群が調査された。これは隣接する佐江戸宮原《さえどみやはら》遺跡（一九七〇年に破壊）の環濠集落にともなうものと考えられた。やはり一九八〇年代に調査された権田原遺跡では環濠集落の南北から方形周溝墓群がみつかった（**図34参照**）。これらの調査成果から、宮ノ台式期の環濠集落は隣接して方形周溝墓群をともなうことが明らかになったのである。

2　歳勝土遺跡の方形周溝墓

歳勝土遺跡の発掘

弥生時代中期の方形周溝墓は二五基が検出された（図24）。このうち宮ノ台式土器をともなっていたのは一〇基である。土器の出土しなかった墓については厳密には時期を決めることはできないが、整然とならんでいることからほかの時期の墓が混ざっているとは考えにくく、すべて宮ノ台式期のものだったと考えられる。

一方、墓域の北西側からみつかった弥生時代の竪穴住居一〇軒は、いずれも弥生時代後期のものだった。方形周溝墓と同じ弥生時代中期の宮ノ台式土器をともなう住居はみつか

図24●空からみた方形周溝墓群
歳勝土遺跡西側台地の方形周溝墓群を上空からみたところ。17基の墓が整然とならんでいる。写真上方が東側台地、左下方が大塚遺跡につづいている。

らなかったのである。それでは、この墓地に葬られた人びとが暮らしたムラはいったいどこにあったのだろうか。こうして隣接する大塚遺跡に注目が集まることになった。第1章でみた大塚遺跡における環濠集落の全面発掘は、歳勝土遺跡の調査をきっかけとしておこなわれたのである。

規模と構造

歳勝土遺跡でみつかった二五基の方形周溝墓の内訳をみると、四本の周溝にかこまれたものが一五基、三本が四基、二本が三基、不明が三基だった（図25）。

　四本の溝が方形に配置されているタイプ（図26）では、コーナーの部分で溝と溝の間が離れており、四隅が切れている。溝にかこまれた範囲は一辺八〜一五メートル程度の正方形である。

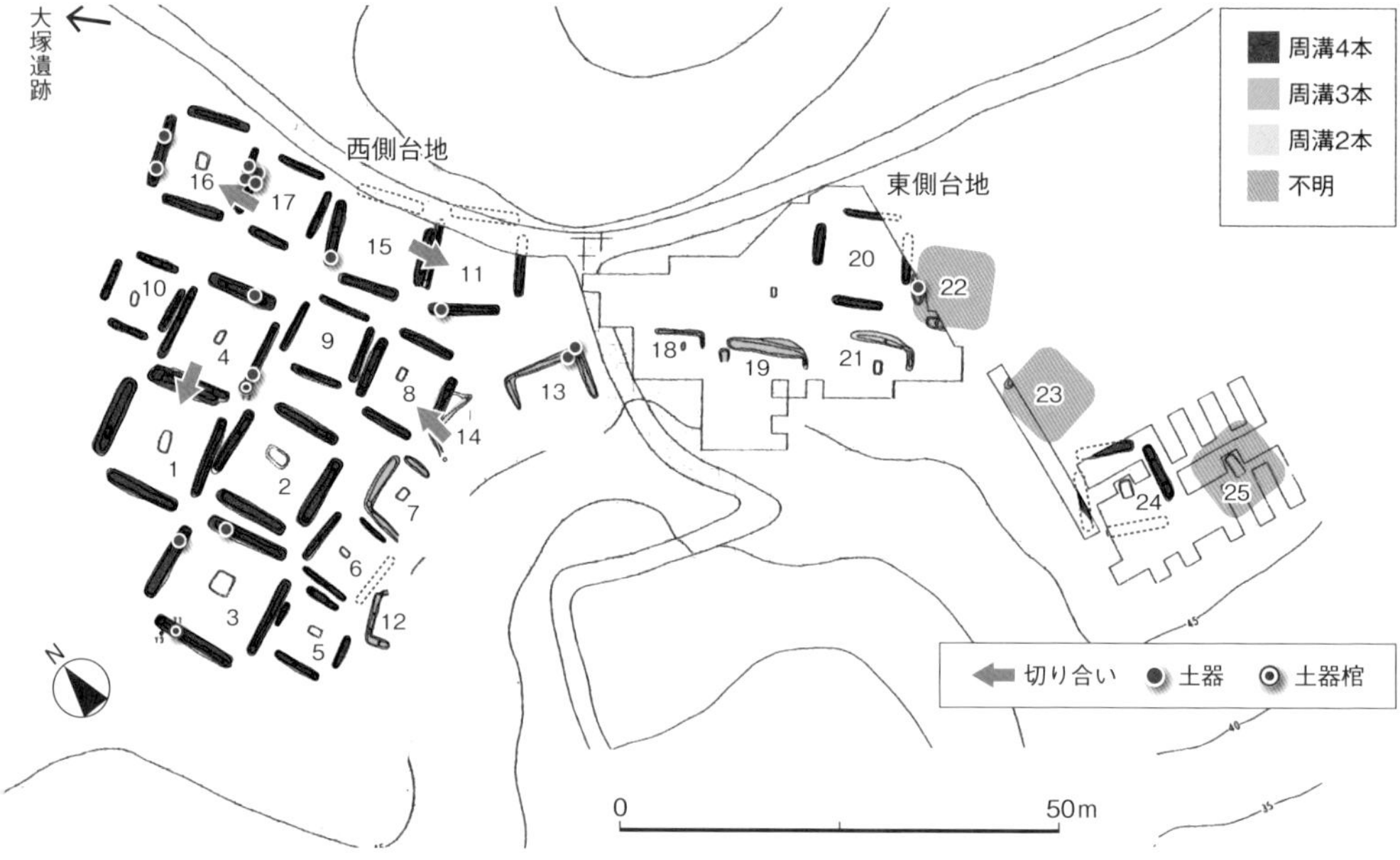

図25 ● 歳勝土遺跡における方形周溝墓の分布
西側台地の中央部に大型の方形周溝墓が集まっており、斜面に沿ってL字形・コの字形の方形周溝墓がならんでいる。

三本の周溝をコの字形（図27）、あるいは二本の周溝をL字形に配置した例は、いずれも西側から東側の台地にかけての縁辺部に沿って、開口部を谷にむけてならんでいる。四本溝の場合とは異なり、コーナーの部分で溝が切れていないことが多い。

溝でかこまれた中央部には、長方形の穴が一つ掘られている（図28）。遺体をおさめた墓穴だと考えられ、主体部とよばれている。主体部は二五基のうち一三基でみつかった。おそらく木棺に遺骸をおさめて埋葬したものだろうが、人骨はまったく残っていなか

図26 ● 四本溝の方形周溝墓墓（S3号）
完掘状況。溝は四隅が切れており、中央に主体部がある。
西溝（写真右側）のなかにT1号土器棺墓がみえる。

図27 ● 三本溝の方形周溝墓（S13号）
溝はコの字形につながる。主体部は削られてみつからなかった。
溝にかこまれた部分の平均面積は、３本溝が37.4㎡、２本溝が23.9㎡で、４本溝の134.5㎡とくらべてかなり小さい。

った。主体部は、つぎにみる正方形に近いS3号の例をのぞくと、最大で長さ二・六メートル×幅一・四メートル、最小で長さ一メートル×幅〇・五メートルだった。長さ一・五メートル未満が五例あるが、屈葬《くっそう》であれば大人を埋葬することも可能だったろう。

S3号の主体部は、一辺二・五メートル程度のほぼ正方形であったが、土層の観察から、このなかには長方形の土坑が二つならんでいたことがわかった。つまりこの方形周溝墓には二人がならんで埋葬されていたのである。掘り直した形跡はみられない。このような複数埋葬の例は関東地方ではめずらしく、歳勝土遺跡でもこの墓だけであった。葬られた二人がどういう関係であったのかについては、まったく手がかりがない。

このほかに中央部を掘っても主体部がみつからなかった例が一〇基ある。墓穴の掘り込みが周溝よりも浅く、盛土ごと削られてなくなってしまったのだろう。とくに斜面部ではこうした例が多かった。

歳勝土遺跡のように四隅が切れた方形周溝墓は宮ノ台式期の古い段階の特徴で、三隅がつながって一隅だけが切れるタイプや全周がつながるタイプに変化する。さらにこうした変化が東

図28 ● 方形周溝墓の主体部（S1号）
主体部は上部を削られて浅くなっている。棺に入れて埋葬したと思われる堆積が確認された墓もある。

海地方と連動して起こることがわかっており、関東地方の方形周溝墓は、東海地方からの強い影響のもとでつくられたものだと考えられている。

出土した遺物

方形周溝墓の主体部には、鉄製品や玉類などが副葬される場合がある。しかし、歳勝土遺跡ではこうした副葬品はまったくみつからなかった。墓から出土したのは土器だけである。すべてが周溝内からの出土品で（図29）、主体部に副葬されたものはなかった。

一〇基の墓の周溝から二三点の土器が出土した（後述する土器棺墓を除く）。このうち甕は破片二点のみで、壺が一九点、鉢が三点と壺が圧倒的に多い。これは竪穴住居や環濠から出土した土器に甕が多いのとは対照的である。また、壺のなかには穿孔された例がある。壺を使った祭りがおこなわれていたのだろう。

周溝内の土器の多くは上層からの出土だった。これには二つの解釈が可能である。一つは、マウンドの上に置かれていた土器が、周溝がある程度埋まってから転げ落ち

図29●周溝から出土した土器（S11・15号）
土器は周溝の中層や上層から出土することが多い。

たものだとする考えである。もう一つは、周溝がある程度埋まった段階で儀礼をおこない、そのときに土器を壊して周溝のなかに置いたとする考えである。

もしマウンドの上から転がり落ちたとすれば、土器は衝撃で壊れてもパーツはそろっているはずである。だが出土した土器をみると、ほとんど壊れていない完形の土器がある一方で、上半や下半が失われている土器も多い。このため周溝がある程度埋まった段階で儀礼がおこなわれたとする説が有力である。墓がつくられてからある程度の年月がたってからおこなわれており、方形周溝墓がその役割を終えるときの儀式だったとも考えられている。現代でいうところの「墓じまい」のようなものだろうか。

土器棺墓と周溝内埋葬

すでにみたように、歳勝土遺跡の方形周溝墓では中央の主体部に一人が埋葬されるのが基本だった。しかしこの中央の主体部以外に、S3号方形周溝墓の西溝（図30）とS4号の南溝から、土器棺墓がみつかっている。

どちらも二つの土器を「合わせ口」で逆向きに組み合わせている。壺の場合は、上半を打ち欠いている。このように組み合わせた土器棺を周溝の底を掘りくぼめたところに据え、土をかぶせたのである。人骨は残っていなかったが、土器のサイズから大人の遺骸を入れることは不可能であるため、乳幼児の埋葬に用いられたものだと考えられている。

古墳時代前期の事例であるが、千葉県市原市の草刈《くさかり》遺跡の方形周溝墓では周溝内の土器棺から小児の骨がみつかった。歳勝土遺跡の土器棺墓も同様に子どもの墓だったと考えられている。主体部の被葬者とのあいだには血縁関係があったのだろう。しかし、すべての乳幼児が土器棺に葬られていたにしては歳勝土遺跡でみつかった二例では少なすぎる。なんらかの基準で選ばれた子どもだけが葬られていたのだろうか。

二つの土器棺墓の存在は、主体部だけではなく、周溝にも人を葬る場合があったことを示している。さらに踏み込んで、周溝に成人も葬られたとする意見もある。周溝内土坑とよばれる部分的な掘り込みが、一六基の方形周溝墓から計二七カ所みつかっている。多くは長さ一三〇〜二七〇センチ程度の範囲で、溝底部が一〇〜二〇センチ程度掘り込まれているものである。この大きさは主体部の土坑と同程度である。周溝の底は基本的には平らなので、雑に掘削したための凹凸とは考えにくいとして、調査団はこれも埋葬施設だったと推測した。

歳勝土遺跡では人骨がまったく残っていなかったので、周溝内埋葬の有無を直接検証することはむずかしい。だが、もし周溝内埋葬があったとすれば、方形周溝墓に葬られた人の数が数倍に増える。これは大塚遺跡と歳勝土遺跡の関係を考えるうえで非常に大きな問

図30●周溝からみつかった土器棺墓
S3号の西溝でみつかったT1号土器棺墓。上半部を打ち欠いた壺の上に甕を逆さにかぶせ、周溝内の掘り込みにすえて土をかぶせていた。

題である。この問題については次節であらためてふれることにしたい。

3　歳勝土遺跡と大塚遺跡

集落と墓域の関係

両遺跡の発掘調査により、大塚遺跡の集落と歳勝土遺跡の方形周溝墓群はまちがいなく同じ時期のものであることがわかった。つぎに問題になるのは、ほかの墓域や集落との関係である。たとえば、大塚遺跡の墓域がほかにもあったり、歳勝土遺跡がほかの集落との共同墓地だったりした可能性はあるだろうか。

まず、大塚遺跡の墓域がほかにもあった可能性を検討してみよう（図21参照）。大塚遺跡の北東側や南西側は急な斜面になっていて、墓域にふさわしい平坦面がない。歳勝土遺跡と反対側の北西の尾根沿い、約三五〇メートルほど離れたところにあるA２遺跡では宮ノ台式土器が出土したというが、これにともなう住居や墓は確認できなかった。周辺にはほかに候補地はないため、大塚遺跡の墓地は歳勝土遺跡だけだったと考えられる。

つづいて、歳勝土遺跡が周辺の集落の共同墓地だった可能性を検討してみよう。先にみたように、環濠集落はそれぞれ墓域をともなっているのが通常であり、歳勝土遺跡から距離も離れている。もっとも近い綱崎山《つなさきやま》遺跡でも直線距離で九〇〇メートルほど離れているうえに、早渕川の反対側に位置している。したがってほかの環濠集落との共同墓地だったとは考えにくい。

それでは、小規模集落はどうだろうか。歳勝土遺跡のもっとも近くにある宮ノ台式期の小規模集落は、台地から下りたところにある大棚杉山神社《おおだなすぎやまじんじゃ》遺跡であるが、歳勝土南遺跡の方形周溝墓が四基ともなっている。このように小規模集落でも自前の墓域をもっているとすれば、歳勝土遺跡が小規模集落との共同墓地だった可能性も低い。また、後でみるように、大棚杉山神社遺跡は大塚遺跡よりも一段階新しい時期である。

以上から、歳勝土遺跡は大塚遺跡のただ一つの墓地であり、そして大塚遺跡だけの墓地だったことがわかる。これも、地域内の遺跡をすべて調査した成果だといえるだろう。

歳勝土遺跡の変遷

全面調査された西側台地の方形周溝墓群は整然とならんでおり、一定のルールのもとにつくられたことをうかがわせる。これらの方形周溝墓はどのような順番でつくられたのだろうか。まず四カ所で確認されている墓同士の切り合い関係をみてみよう（図25参照）。

西側台地の北部では、S17号→S16号、S15号→S11号、S4号→S1号の切り合いが確認されている。中央部からまわりに広がるような動きである。一方、S14号→S8号の切り合いでは、斜面部のS14号が平坦部のS8号より先につくられている。台地上がいっぱいになったので斜面部に広がったのではないかと考えたくなるが、そうではないのである。

歳勝土遺跡における墓域の変遷については、調査団のメンバーだった小宮恒雄と武井則道による変遷案がそれぞれ示されている（図31）。

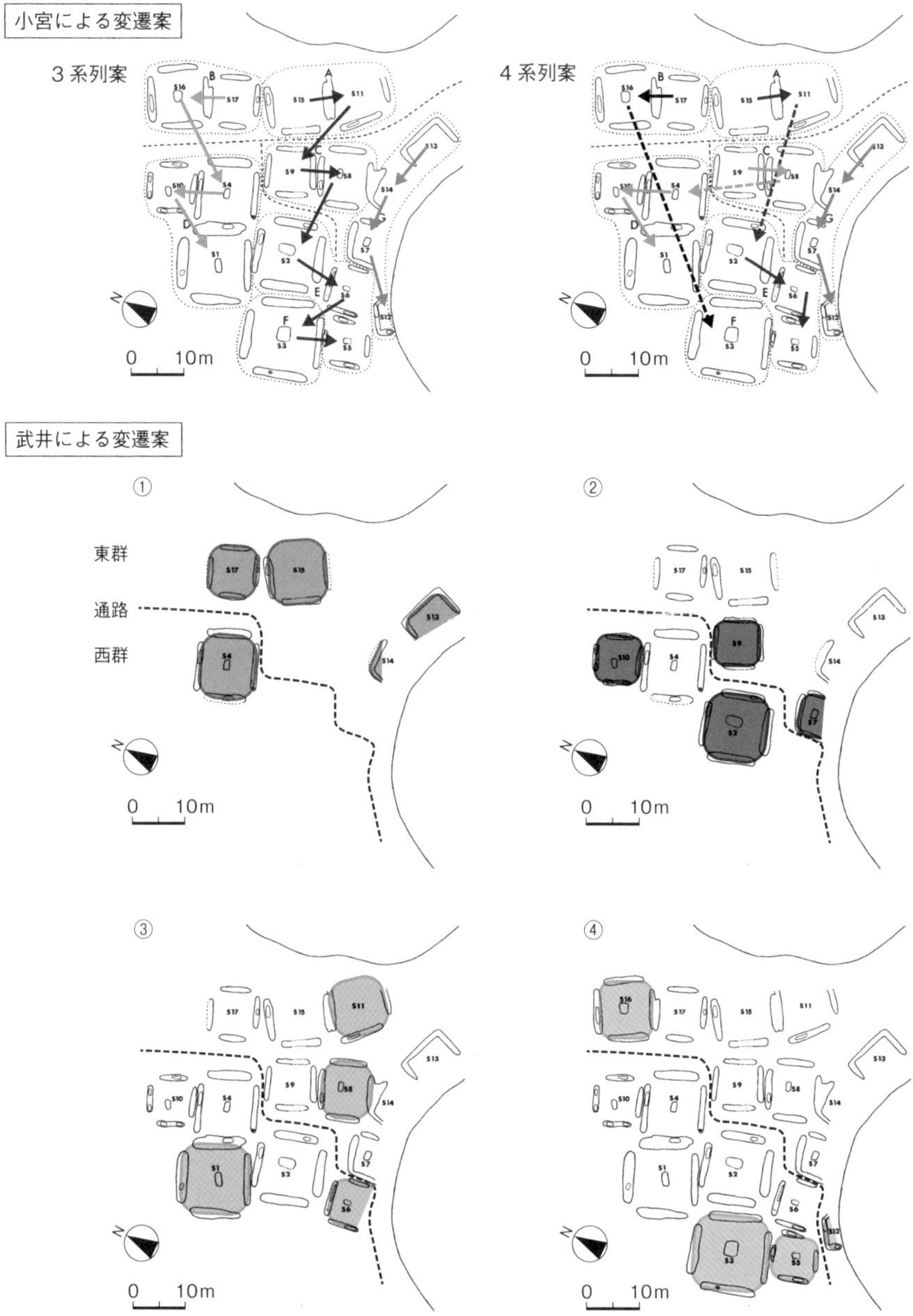

図 31 ● 歳勝土遺跡の墓域変遷

小宮は系列を、武井は段階をそれぞれ重視しているため単純に比較はできないが、調査団内でも異なる変遷過程が想定されていた。ただし、いくつかのグループにわかれ、何段階かにわたって変遷するという見通しは共通している。

小宮の変遷案では、位置関係や主軸方向などから、三ないし四の系列にまとめている。三系列案では、台地上のグループは東端中央のＳ15号・Ｓ17号がもっとも古く、東から西、内から外という二方向に展開している。斜面のグループは独自に東から西へと展開する。四系列案は各系列に含まれる墓の数が均等になるようにしたものだが、やや不規則な動きである。

武井の変遷案では、まず西側台地を通路によって大きく東西二群に分ける。つづいて溝同士が切り合い関係をもつ組み合わせについて、溝がある程度埋まってからのもので時間差があり、かつ同時に発生した現象だと考えた。最終的には、東西二群を四段階に分けている。

どちらの案でも、歳勝土遺跡の墓域がいくつかのグループに分かれ、数段階にわたって変遷するという見通しに立っている点は共通する。西側台地だけで二〜四個の群ないし系列に分けているが、東側台地も合わせればさらに多くに分かれることになるだろう。

弥生社会の構成にせまる

方形周溝墓をグループに分けたり、その変遷を考えたりする研究の目的は、当時の社会の構成にせまることであった。弥生時代の社会を構成していた集団について、当時どのような議論がされていたのかを簡単にみておこう。

一九五九年、岡山大学の近藤義郎は、岡山県津山市にある沼《ぬま》遺跡の発掘調査の成果にもとづいて、弥生時代の社会について考察した。近藤は、周溝で区画された五軒の竪穴住居が一緒に水田を耕し、高床倉庫を共有し、炊事も共同でおこなっていたと考え、このグループを「単位集団」とよんだ。一方、弥生時代にはじまる鉄器の製作や銅鐸のまつりは、ある地域内の「単位集団」が集まった「共同体」によっておこなわれていたと考えたのである。

この近藤による研究は三殿台《さんとのだい》遺跡の発掘（七三ページ参照）よりも二年前、大塚遺跡の発掘よりも十数年前に発表されたものであるが、その後の初期農耕社会の研究に大きな影響を与えた。大塚遺跡の竪穴住居や歳勝土遺跡の方形周溝墓のグループ分けは、こうした集団の構成を具体的な発掘成果にもとづいてとらえようとする試みの一つだったのである。

墓からみた社会

第1章では大塚遺跡の人口を一〇〇～一五〇人程度と推測した。何世代かにわたってここに住み、墓を築いたとすれば、その間に数百人が死んだ可能性がある。しかし発見された方形周溝墓は二五基にすぎず、東側台地の未発掘部分を含めてもせいぜい三五基程度であろう。想定される死者の数にくらべると、数倍以上の開きがある。

この食いちがいを解消するのが、周溝内埋葬である。周溝内埋葬が一般的だったとすれば、方形周溝墓の被葬者が数倍にふくれあがるからである。仮にすべての溝に一人ずつ埋葬されていたとすれば、三五基の方形周溝墓の被葬者は一七五人となる。子どもは（土器棺墓に葬られた二人を除いて）別に葬られていたとすれば、計算上は歳勝土の墓地に大塚の集落の一～二世代分程度の死者を葬ることができそうである。

それでは、中央の主体部と周溝に葬られる人との関係はどんなものだったのだろうか。これについては、土器棺墓の場合と同様に、なんらかの血縁関係にあった可能性が高い。中央に葬られたのが家長だとすれば、周溝にはそれ以外の家族のメンバーが葬られたことになる。方形周溝墓を「家族墓」だとする見解である。方形周溝墓の規模がそれほど変わらないことから、家族と家族のあいだには階級差はなく、比較的平等な社会だったと考えられる。

しかし、この周溝内埋葬説に対しては強い批判もある。周溝内から出土した人骨は数例しかないのに、わずかな事例を一般化するのは危険だという批判である。もし歳勝土遺跡で周溝内埋葬がおこなわれておらず、一つの墓に葬られたのが主体部の一人だけだったとすれば、それ以外の人は別の場所に葬られた（もしくは墓に葬られなかった）ことになる。主体部に埋葬されたのは選ばれた人間であり、階級差が生じつつあった社会だったといえるかもしれない。

じつは、ある特定の時代・地域で住居と墓の一方がもう一方よりもずっと多いということはしばしばある。ただし、ほとんどの場合は具体的な数字を出しての議論にはならない。ここでみてきたような議論が可能になるのも、詳細な分布調査により大塚遺跡と歳勝土遺跡が一対一対応していると考えられること（もちろんこの前提にも異論はある）、全面発掘により大塚遺跡と歳勝土遺跡（の西側台地）の全体像をつかんだことが背景にある。しかし、このような稀有な条件がそろっている大塚・歳勝土遺跡においてさえ、集落に住んだ人数と墓地に葬られた人数は対応せず、その解決については意見が一致していない。限られた資料から過去をさぐる考古学のむずかしいところである。

第3章　弥生集落の研究へ

1　鶴見川・早渕川流域の弥生時代遺跡

鶴見川・早渕川流域の弥生時代遺跡の分布

港北ニュータウン遺跡群の調査では、早渕川沿いの弥生時代中期環濠集落が三カ所発掘された（図32）。大塚遺跡、綱崎山遺跡、権田原遺跡である。このほかに港北ニュータウンの範囲外だが、上流側に観福寺北《かんぷくじきた》遺跡と矢崎山西《やざきやまにし》（柚木台）遺跡、下流側に森戸原《もりとはら》遺跡がある。北岸に位置するのは大塚遺跡と森戸原遺跡で、ほかの四遺跡は南岸にある。これらの環濠集落の多くには、隣接して方形周溝墓群がともなっていた。

このほかに、数軒から十数軒程度の竪穴住居で構成され、環濠をもたない宮ノ台式期の小規模集落もみつかっている。港北ニュータウン遺跡群では、北岸の六遺跡と南岸の二遺跡が調査された。こうした小規模集落では方形周溝墓はみつからないことが多いが、もともとなかったのかどうかの判断はむずかしい。

早渕川は、森戸原遺跡から二キロほど下流で鶴見川に合流する。鶴見川の本流沿いの中流域にも朝光寺原遺跡、佐江戸宮原遺跡、折本西原遺跡などの環濠集落が点在する。ここでは港北ニュータウンの環濠集落として権田原遺跡、小規模集落として大棚杉山神社遺跡、さらに鶴見川流域を代表する大遺跡である折本西原遺跡の内容を簡単にみておこう。なおそれぞれの遺跡からは別の時期の遺物も出土しているが、ここでは宮ノ台式期に限定して話を進める。

権田原遺跡

権田原遺跡は、港北ニュータウンの東端、大塚遺跡から二キロほど東（下流側）に位置する。大塚遺跡とは対岸の早渕川南岸の標高二三〜二八メートルの台地上にあり、川から

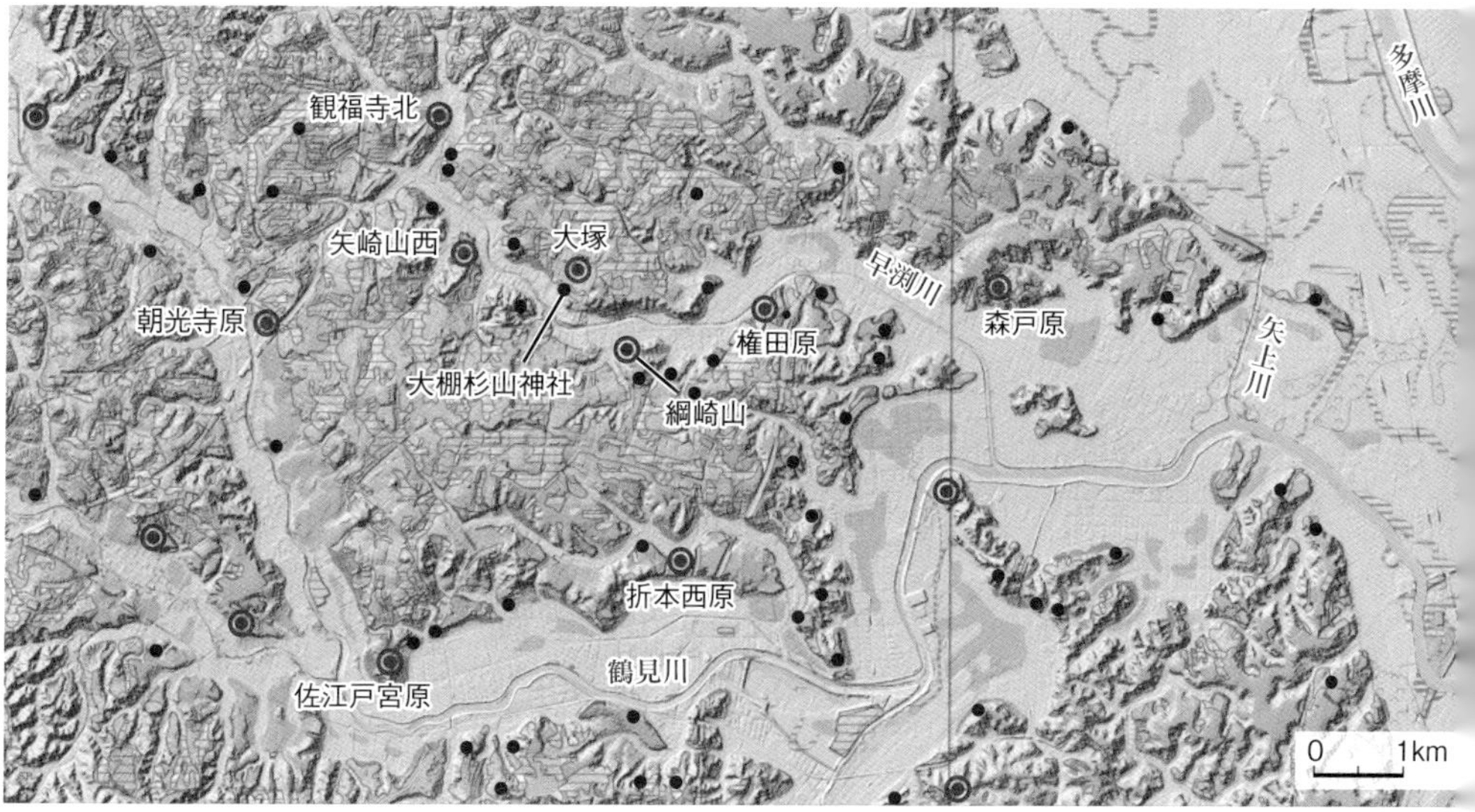

図32 ● 鶴見川・早渕川流域の弥生時代中期の集落
鶴見川とその支流の早渕川の流域に多くの集落が分布している。早渕川流域では最上流の観福寺北遺跡から最下流の森戸原遺跡までの距離はおよそ6kmである。この範囲に800mから2.2kmの距離をおいて6つの環濠集落が分布している（この図には発掘調査がおこなわれていない遺跡も含む）。

環濠までの距離は八〇メートル程度である。

この遺跡は大塚遺跡の発掘から四年後の一九八〇年から八七年にかけて断続的に調査された。南に隣接する新吉田十三塚《しんよしだじゅうさんづか》遺跡と矢東《やひがし》遺跡は、発掘の結果、権田原遺跡の南側の墓域（方形周溝墓群）であることが明らかになった。

権田原遺跡は土取りで遺跡の中心部分が大きく削られていたため、遺構の残存状況は悪かった。環濠も完全につながっていないが、全周約七〇〇メートルの隅丸長方形にめぐっていたらしい（図33・34）。環濠にかこまれた範囲の面積は三万三〇〇〇平方メートルと大塚遺跡の一・四倍程度であり、早渕川ぞいにつくられた環濠集落のなかでは最大の規模である。環濠の最大幅は四・五メートル、最大の深さは約二メートルで、掘り直した形跡はみられなかった。

竪穴住居は三四軒（うち一軒は環濠外）がみつかっているが、環濠内の面積の八割が土取りで削られてしまっていた。単純に面積比で考えると、もとも

図33 ● 空からみた権田原遺跡
環濠の位置を白いチョークで示している。北側の方形周溝墓群を掘ったところ。
環濠内側の集落部分は、発掘から時間がたっているために草が生えている。

と一七〇軒程度あった計算になる。住居の四割が焼けており、大塚遺跡と同じく焼失住居の割合が高かった。

方形周溝墓は環濠集落の北側に四四基、南側に二八基あった。これも本来はもっと多かっただろう。主体部から碧玉《へきぎょく》製管玉《くだたま》が出土した墓が二基、ミニチュア土器が出土した墓が一基ある。鶴見川・早渕川流域では歳勝土遺跡のように方形周溝墓の主体部からなにも出土しない場合が多く、主体部から副葬品が出土したのは権田

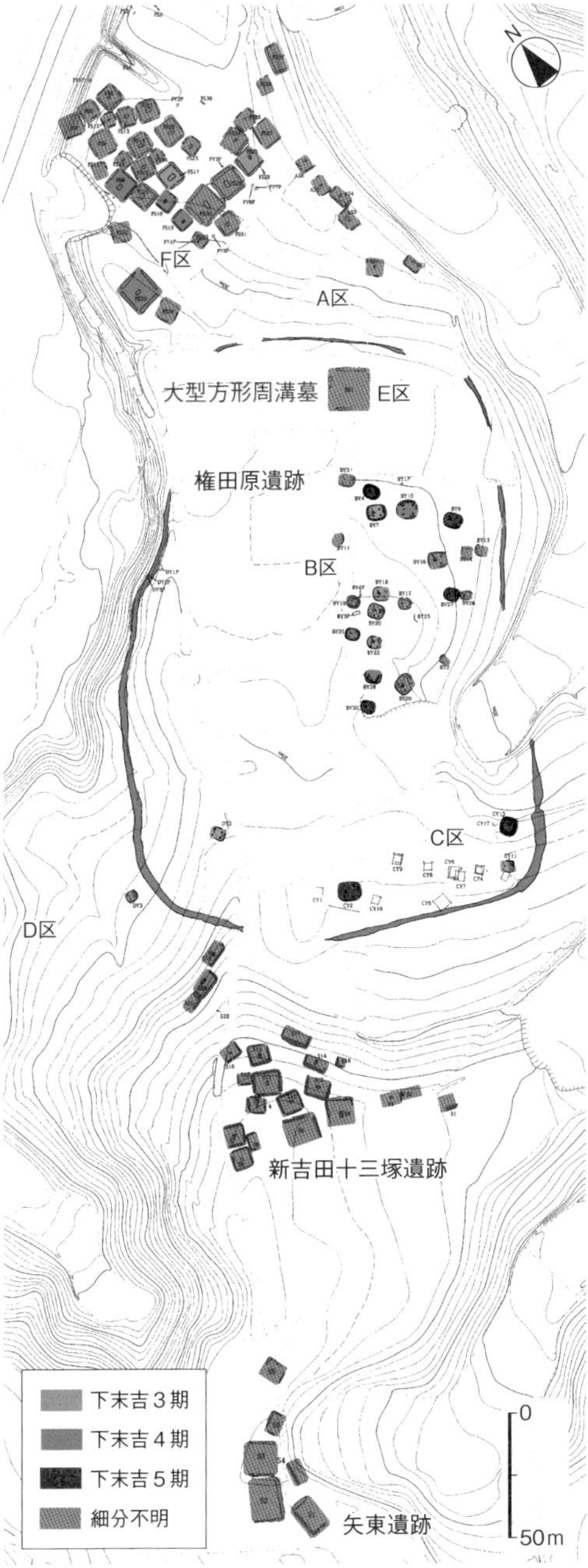

図34●権田原遺跡の全体図
土取りで削られていた部分が多いが、環濠は本来、長軸240m、短軸165ｍの範囲を全周していたと考えられる。この図では、報告書にしたがって環濠の掘削時期を下末吉４期としたが、安藤は３期にすでに環濠集落が成立していたと考えている。

原遺跡だけである。

環濠内部の北東側の端近くからは、大型の方形周溝墓がみつかった。一辺一八メートル近くあり、環濠外の墓域のもの（一辺五〜一四メートル程度）とくらべると飛びぬけて大きい。集落に隣接した墓域とは別に環濠内に大型の方形周溝墓をつくるのは、地域の中心となるような大遺跡だけにみられる特徴である。

権田原遺跡から出土した宮ノ台式土器は、大塚遺跡から出土した土器が下末吉3期に限定されていたのに対し、下末吉3期から5期にわたっている。下末吉3期の段階にまず集落と墓域が形成され、4期に環濠が掘られて埋まり、5期に集落が最大規模になったと考えられている。

大棚杉山神社遺跡・歳勝土南遺跡

大棚杉山神社遺跡は、大塚・歳勝土遺跡の南西側（図21参照）、現在、横浜市歴史博物館が建つ場所にあった弥生時代中期の小規模集落である（図35）。幅二〇〜三〇メートル、長さ二〇〇メートルほどの細長い尾根状の台地にある。標高は約二九メートルで、大塚・歳勝土遺跡よりも二〇メートルほど低い。

図35 ● 大棚杉山神社遺跡の発掘調査
尾根状の台地に竪穴住居がならんでいる。奥にみえる林の上の台地が歳勝土遺跡である。現在、横浜市歴史博物館の建つ場所にあった小規模集落である。

この台地の東側は歳勝土遺跡につづく斜面となっているが、この斜面にあるのが歳勝土南遺跡である。発掘調査の結果、大棚杉山神社遺跡は弥生時代中期の小規模集落、歳勝土南遺跡はその墓域であることが明らかになった。

大棚杉山神社遺跡からは宮ノ台式期の竪穴住居が一一軒、高床倉庫が四棟みつかった。竪穴住居は、三段階にわたって建て替えられたと報告されている。歳勝土南遺跡からは方形周溝墓四基（うち二基は溝の一部のみ確認）が発見されている。小規模集落に墓域がともなった例である。竪穴住居と方形周溝墓から出土した宮ノ台式土器は、下末吉4期のものだった。大塚遺跡よりも一段階新しい時期になる。

折本西原遺跡

折本西原遺跡は、鶴見川流域で最大の環濠集落である。鶴見川の北岸、鶴見川本流と支流である大熊川とのあいだにはさまれた東西に長い台地上に位置している。標高は三〇〜三五メートル、現在の鶴見川本流からは一キロほど離れており、比高はおよそ二〇メートルである。

折本西原遺跡は、港北ニュータウンにかかわる道路建設のために一九七八〜八〇年に調査された（**図36・37**）。遺跡全体からみればごく一部の調査にすぎないが、環濠三本、竪穴住居八四軒、方形周溝墓八基がみつかっている。

環濠は少なくとも二段階があり、内環濠が下末吉3期、外環濠が5期である。鶴見川流域の環濠集落のなかでは存続時間が長い。安藤広道は内環濠が四万平方メートル、外環濠が七万平方メートルあったと推測しており、大塚遺跡の二倍から三倍以上という広い面積である。遺跡全体では七〇〇軒を超える竪穴住居があったと推測されている。

調査された八四軒の竪穴住居のうち、焼失住居が二軒しか確認されなかった。大塚遺跡などこの地域の同時期の環濠集落ではおよそ四～五割もの住居が焼けていたのにくらべ著しく少ない。この焼失住居の少なさについては、戦いのなかで本拠地を守り抜いたためだとする意見もある。また、外環濠の内側と内環濠のすぐ外側から一辺二〇メートルを超える大型方形周溝墓が二基みつかっている。

図36●空からみた折本西原遺跡
遺跡を南北に貫く道路を建設するために発掘調査がおこなわれたため、環濠集落の中央に巨大なトレンチを入れたような形になった。写真は北側上空からで、先に掘られた南側はすでに道路が建設中である。

集落の関係

以上でみてきた集落は互いにどんな関係にあったのだろうか。大塚遺跡など鶴見川・早渕川流域の環濠集落は、その多くが二万平方メートル前後であるのに対して、権田原遺跡は三万三〇〇〇平方メートルと早渕川流域では最大である。集落内に大型の方形周溝墓がつくられていることからも、早渕川流域の中心的集落だったのだろう。

そして鶴見川本流域の折本西原遺跡は、権田原遺跡よりもさらに広く、群を抜く大集落である。権田原遺跡のものよりもさらに大型の方形周溝墓もみつかっており、鶴見川の中上流域全体を統括する集落だったと考えられる。つまり大きさという点でいえば、大塚（とほかの多くの環濠集落）―権田原―折本西原という環濠集落のあいだでの格差があったのである。

小規模集落である大棚杉山神社遺跡は、大塚・歳勝土遺跡から一段下がった尾根

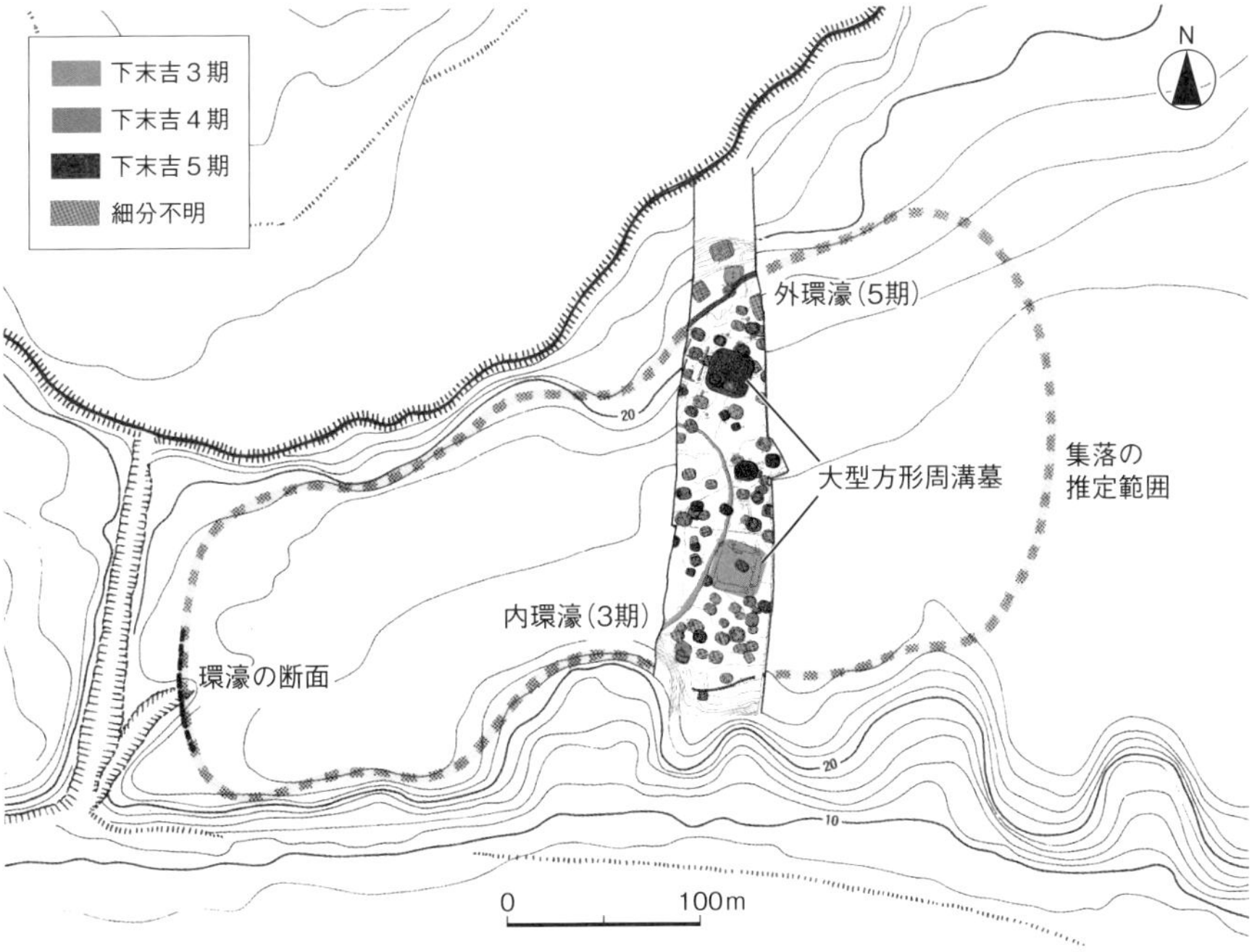

図37 ● 折本西原遺跡の広がり（推定）
発掘されたのは集落中央部の帯状の部分だけであるが、住居や環濠、方形周溝墓が密集していた。調査区から250mほど西側に離れた切り通しで環濠2本の断面が確認されていることから、環濠集落の広がりを推測している。

状の台地にあり、出土した土器からは、大塚・歳勝土遺跡よりも一段階新しいことが判明した。このことは、つぎにみる集落の関係の議論でも重要なポイントとなる。

2　集落をめぐる議論

田中義昭の研究：拠点と周辺

港北ニュータウン遺跡群における集落間の関係、とくに環濠集落と小規模集落がどのような関係にあったのかについては、現在に至るまで議論がつづいている。ここでは田中義昭、安藤広道、石井寛の研究を紹介しよう（図38）。

田中義昭は、一九五〇年代の横浜市史編纂のころから武蔵地方史研究会のメンバーとして活動し、一九六〇年代の三殿台遺跡や朝光寺原遺跡の発掘調査や横浜市北部地域の分布調査にも参加した。田中が宮ノ台式期の集落について発表した一九七五年にはまだ大塚遺跡の発掘調査が進行中だったが、準備にあたっては岡本勇や小宮恒雄など調査団のメンバーが加わった研究会で検討をおこなったという。

田中は三殿台遺跡や朝光寺原遺跡における集落の構成や河川流域ごとの遺跡分布を検討したうえで、小規模集落は環濠集落のまわりに衛星的に分布していたと考え、両者を「拠点」と「周辺」の関係としてとらえた。大塚遺跡は拠点型、大棚杉山神社遺跡は周辺型の典型例とされた。大規模な拠点型集落のまわりに小規模な周辺型集落が群在し、それらが一つのまとまり

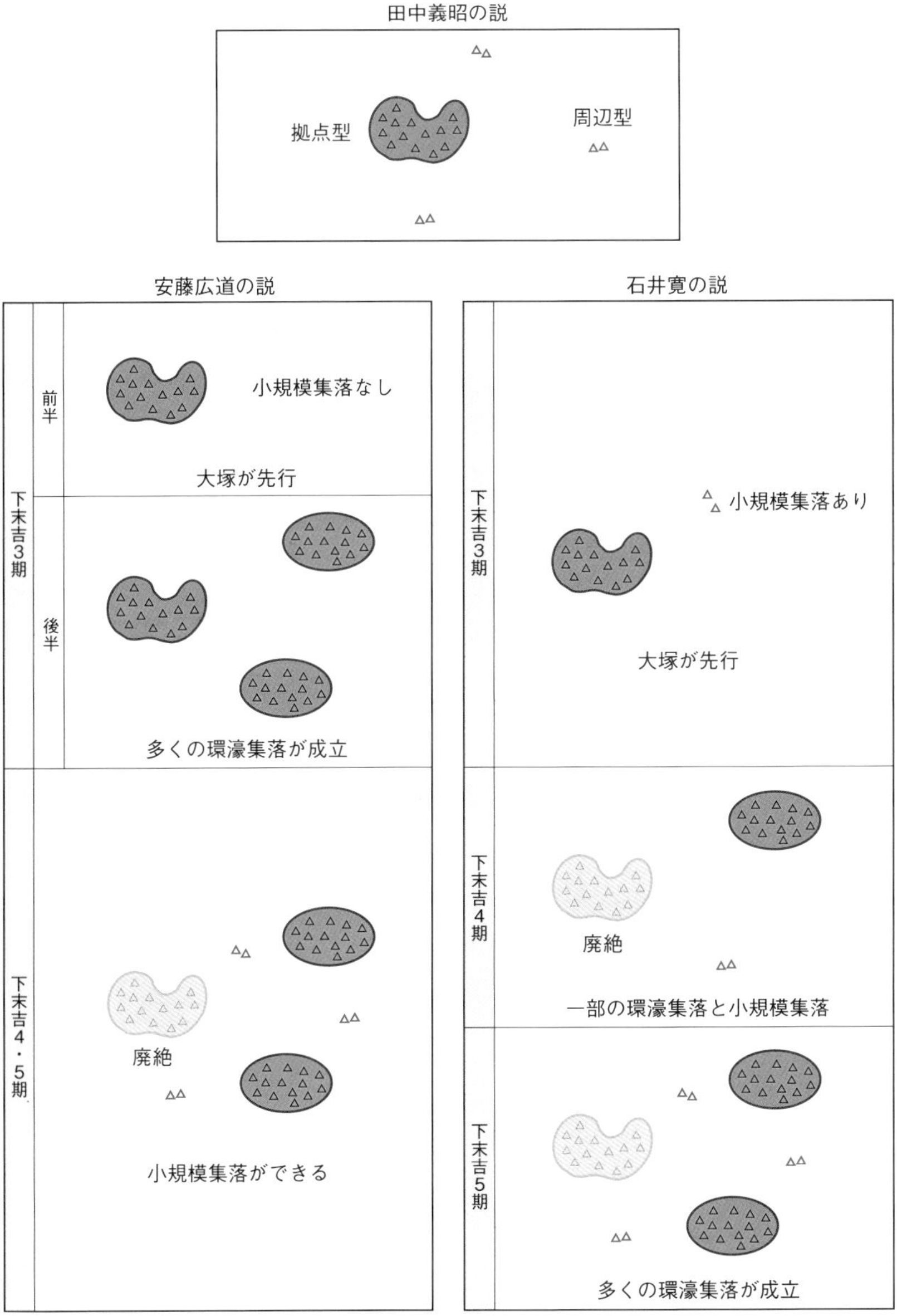

図38●早渕川流域の集落群の変遷
田中による拠点型―周辺型のモデルでは、時期差はあまり考慮されていなかった。安藤は早い段階で環濠集落群が計画的につくられると考えた。石井は大塚遺跡のパイオニア的な性格を強調している。

として農業共同体を形成したと考えたのである。この田中による研究は、弥生時代の集落を考えるうえで一般的に適用できるモデルとして高く評価された。

しかし、田中の研究にはいくつかの限界もあった。当時はまだ宮ノ台式土器の編年が確立しておらず、港北ニュータウン遺跡群の発掘調査もはじまったばかりであった。このため、田中は宮ノ台式土器が出土した遺跡を基本的に同時に存在したものとみなして分析していた。しかし、実際には宮ノ台式土器はある程度の時間幅をもっており、遺跡間にも時間差がある。また、折本西原遺跡はこの段階では発掘されていなかったため、鶴見川流域の環濠集落としてとり上げてはいたが、その重要性はまだ明らかではなかったのである。

安藤広道の研究：立ちならぶ環濠集落群

その後、一九八〇年代から九〇年代にかけて、宮ノ台式期の研究はいくつかの画期的な変化を迎える。大きな役割をはたしたのは、一九七八〜八〇年におこなわれた折本西原遺跡の発掘調査である。この発掘調査によって、折本西原遺跡がこの地域において隔絶した大きさの集落であることが明らかになったほか、石井寛による折本西原遺跡出土土器の編年が示されたことで、宮ノ台式土器の変遷の概要が明らかになったのである。

一九九〇年代になると、これらの成果をもとにした安藤広道による研究が進められた。安藤は宮ノ台式土器の編年にもとづいて鶴見川・早渕川流域の集落群の動態を整理した。

まず下末吉１・２期には小規模かつ短期間の遺跡が残される。前段階の遺跡がないため、他地域からの小規模な移住だったと考えられる。下末吉3期になると環濠集落がつくられるようになるが、小規模集落はまだ明確ではない。環濠集落はまず大塚遺跡と折本西原遺跡につくられ、その後一〇カ所近くに増加する。いずれも最初から環濠集落としてつくられたものであり、小規模集落がだんだん大きくなって環濠をもつようになったわけではない。その背景には他地域からの大規模かつ計画的な集団移住があったと考えている。下末吉4・5期になると環濠集落群に小規模集落が加わる。これらの小規模集落は新たな耕地を求めて進出したものだとする。

安藤による集落研究は、土器編年をタイムスケールとして集落群の動態を追究したもので、集落研究の一つの到達点だといえる。環濠集落が最初から環濠集落として成立したと考え、その背景に計画的な移住をみいだす点に特徴がある。

石井寛の研究：先行する大塚遺跡

鶴見川・早渕川流域の弥生時代集落群についての研究は、二〇一〇年代になってからも進められている。石井寛は、一九九〇年代以降に新たに報告された遺跡や、みずからおこなった未報告遺跡の整理作業にもとづいて、各遺跡の内容を再吟味した。

石井と安藤の研究はいくつかの点で食いちがいをみせているが、出土した土器をもとに遺跡・遺構の時期を決定していくという方針や、ベースとしている土器編年の枠組みは一致している。またその結論も、大塚遺跡がほかの遺跡に先がけて出現し消滅したという点や、折本西原遺跡がこの地域の中核的な集落であったという点では共通している。

石井の見解が安藤のものと大きく異なっているのは、大塚遺跡が早渕川流域のほかの遺跡に先んじて環濠集落として成立しただけではなく、大塚遺跡が存続している期間にはほかの環濠集落はまだつくられず、ほかの環濠集落が成立するころには大塚遺跡は廃絶されていたとする点である。また、権田原遺跡など多くの環濠集落ではまず小規模集落がつくられ、その後で環濠が掘られたと考えている。この点も最初から環濠集落としてつくられたとする安藤の見解とは異なっている。

石井は大塚遺跡の出現の古さや存続期間の短さを、「パイオニア的な性格」として説明した。大塚遺跡は標高五〇メートル近い台地上に位置し、早渕川との比高も大きい。これをパイオニア的な性格をもつ大塚遺跡が防御を重視した高い場所につくられたためだとしたのである。

一方、安藤も石井論文に対する反論をおこなった。安藤は、環濠集落における居住域と墓域は最初から計画的に配置されたもので、小規模集落が拡大したものではないとあらためて主張する。そして住居跡から出土した土器が新しい時期に偏るのは、建て替えによる破壊や宮ノ台式土器自体の特徴、時期による土器の捨て方の変化などの複合的な要因によるもので、必ずしも古い時期の住居が存在しないためではないと指摘する。これは早渕川流域にとどまらない、集落研究の方法論にかかわる問題提起である。

このように大塚遺跡を含む鶴見川・早渕川流域の集落群についての研究は、発掘から四〇年以上たったいまもつづいており、弥生時代の集落研究の最先端のフィールドとなっている。

3　稲作をめぐる問題

水田はどこにあった?

遺跡群研究では「遺跡と生産の場との関係」を明らかにすることが目的の一つに掲げられていた。弥生時代の場合は、集落と水田がどのような関係にあったのかという点が問題になる。

しかし、港北ニュータウン遺跡群の調査では、水田跡そのものをみつけることはできなかった。早渕川流域における弥生時代の水田がどこにあったのかについては、谷の湧水を利用する谷戸田《やとだ》だったとする考えと、河川の氾濫原につくられたとする考えがある。

「谷戸田」(谷田《やつだ》、谷地田《やちだ》)というのは谷戸(丘陵や台地に入り込んだ谷)につくられた水田のことで、横浜市北部では戦後まで多くみられた(図39)。弥生時代の水田が谷戸田だったとする考えは、一九五八年の『横浜市史』で示されたものである。本流の川筋には広大な沖積地が広がっているが、洪水の危険があるし大規模な灌漑や排水が必要になるため農業技術が未発達な弥生時代には利用されず、集落近くに入り込んだ細長い支谷《しこく》

図39●現在も横浜市内に残る谷戸田

の出口付近の湿地、近代において谷戸田として利用されていたような場所に湧水を利用した水田がつくられていたと考えたのである。この考えにしたがって、大塚遺跡についても、早渕川の本流沿いではなく遺跡北東部の小支谷が水田の候補地だと考えられていた。

　これに対して安藤広道は、弥生時代の水田が河川氾濫原にあったと考えた（図40）。安藤はまず集落の人口を推定し、人口維持に必要な総エネルギー量から必要なコメの総量、さらに水田の面積を算出した。その結果、環濠集落一つあたり一〇万平方メートル以上の水田が必要だという結果が得られたが、谷戸田だけではこの面積を確保することは不可能である。したがって、早渕川の氾濫原（沖積地）が水田として利用されたにちがいないと考えたのである。多くの仮定を積み重ねた推論ではあるが、谷戸田だけでは十分な量のコメがとれないとする結論には説得力がある。

　しかし、谷戸田からとれるコメだけでは不十分だろうということは、じつは谷戸田説でも考慮されていた。両者が異なっているのはその後の議論の展開で、谷戸田説ではコメ中心ではな

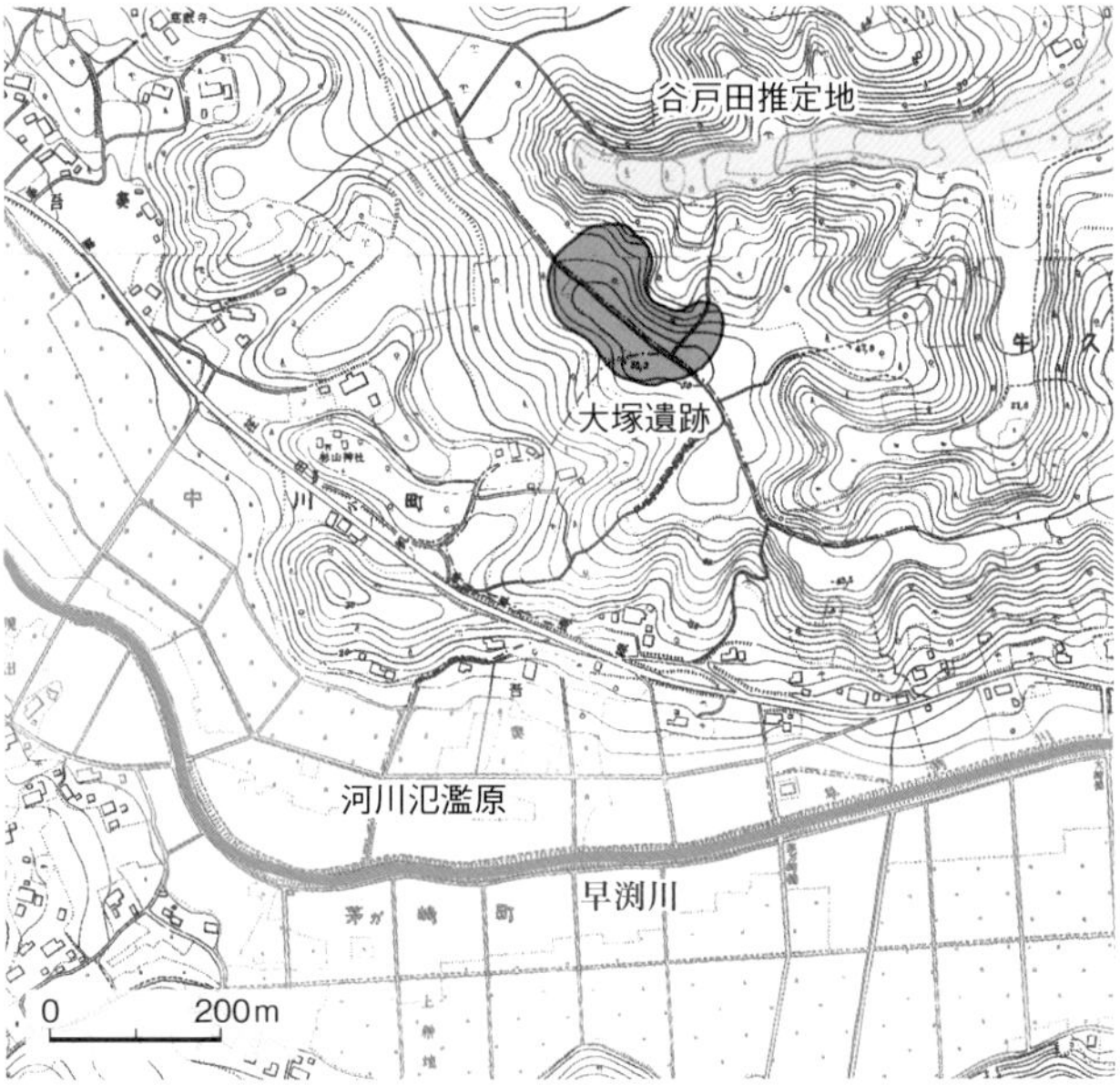

図40 ● 大塚遺跡と水田の推定位置

く狩猟漁労もかなりおこなっていたはずだと考えたのに対し、河川氾濫原説ではコメ中心の生活を支えるには広い水田が必要だったはずだと考えたのである。

港北ニュータウン地域にかぎらず、横浜市域では今日に至るまで弥生時代の水田の跡はみつかっていない。横浜市歴史博物館では大塚遺跡周辺のボーリング探査を近年試みているが、弥生時代の堆積層が残っていないことが多いようだ。そのため、「大塚遺跡の水田はどこにあったのか」という問いに対する決定的な答えはまだ出ていない。

しかし一九九〇年代以降、千葉県君津市の常代《とこしろ》遺跡（標高約一五メートル）など南関東地方の低地で弥生時代中期の水田関連遺構が報告されるようになった。この時期すでに沖積地に水田をつくる技術があったことがわかってきたのである。

また、この時期が半農・半狩猟漁労であったとする点についても、少なくとも港北ニュータウン遺跡群の宮ノ台式期の遺跡ではこれを支持する証拠は得られていない。大塚遺跡からは石《せき》鏃《ぞく》のような狩猟具や釣針などの漁労具はまったく出土しなかったし、後で紹介する土器付着炭化物の同位体分析でも、水産物を利用していた形跡はみられなかった。

以上を総合すると、鶴見川・早渕川流域においては河川氾濫原に水田がつくられていた可能性が高いといってよいだろう。

稲作か畑作か

宮ノ台式期の農耕は、水田での稲作が中心だったと考えられてきたが、畑作はどの程度おこなわれていたのだろうか。弥生時代イコール稲作というのがわたしたちの思い込みで、じつは畑作も盛んにおこなわれていたのではないかとする意見も提唱されている。

浜田晋介は、基本的に集落は生業の場と離れていない場所につくられただろうと考える。そうであるならば、大塚遺跡のような台地上の環濠集落に住む人びとは、低地の水田ではなく台地上の畑を耕していただろう。ただし、同じ畑で何年も同じ作物を育てていると収穫が落ちてしまう。これを連作障害といい、一定期間ごとに耕地を休ませる必要がある（なお水田での稲作には連作障害が起こりにくいというメリットがある）。そのためにムラごと台地上を移動しており、早渕川流域の環濠集落群もそうした移動の結果残されたものだというのである。

これは本書で紹介してきたような遺跡群の理解とはまったく異なる見解であるが、ここでは畑作の証拠をさぐる研究からこの問題を考えてみたい。土器の圧痕レプリカ法と同位体分析である。

土器づくりをしている場所に植物の種が落ちていると、粘土にその種が混ぜ込まれてしまうことがある。土器を焼くと種も焼けて失われるが、土器の表面に小さなくぼみが残る。このくぼみ（圧痕）にシリコンを流し込んでレプリカをつくり、顕微鏡で観察して調べるのが圧痕レプリカ法である。何千年も前の土器でも植物の種を同定できるほどよく残っている場合があり、当時の植物利用や環境について知ることができる。

この圧痕レプリカ法では、何十年も前に発掘され保管されている土器を調べ直すこともできる。植物考古学者の佐々木由香の指導により、横浜市歴史博物館では大塚遺跡の出土資料の圧痕調査を二〇一四年から継続的に実施し（図41）、三軒の竪穴住居から出土した一万四〇〇〇点あまりの土器を観察した。なお報告書に掲載された土器はこのうち約二八〇点だけであり、掲載されなかった文様のない胴部破片が大半を占める。

このうち種子の圧痕がみつかったのは二二点で、およそ七〇〇点に一個の割合だった。内訳はイネが一五点、キビが二点、アワが一点、シソ属が一点、不明三点だった。イネが八割近くを占め、キビ・アワが少数ともなうという構成である。シソ属の果実はエゴマの可能性があり、野菜として栽培されていたのかもしれない。

土器付着物の同位体分析による食性復元は、土器についたおコゲを分析する方法である。植物の光合成回路や動物の食物連鎖によって生じる炭素と窒素の同位体比のちがいを利用して、土器付着物の由来について大まかな区別をすることができる。とくに、コメとアワ・キビはちがうグループに属するため、区別が可能である。

國木田大が二〇一七年におこなった大塚遺跡の土器付着

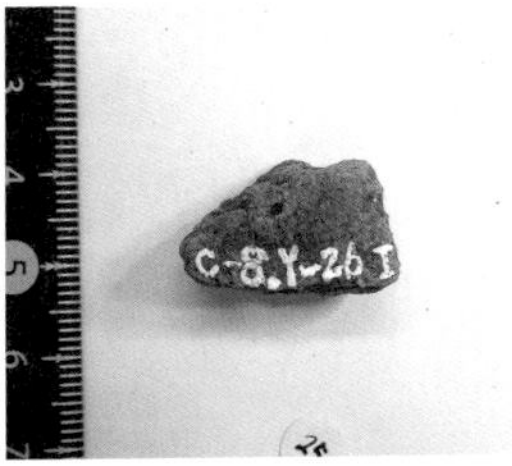

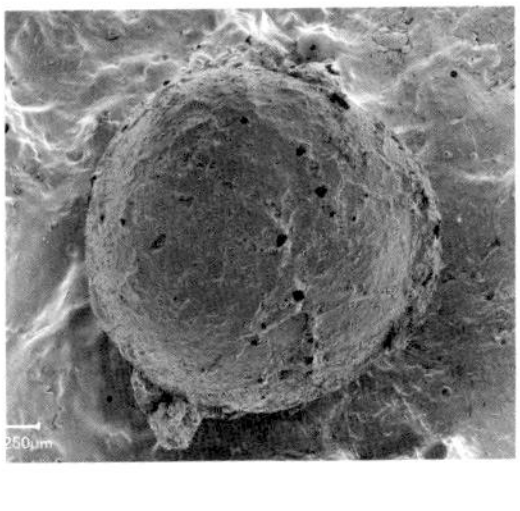

図41 ● 土器圧痕の調査
左：学生と市民ボランティアによる調査風景。右上：シソ属果実の圧痕がみつかった土器の小破片。右下：みつかった圧痕のレプリカ。直径2㎜程度の小さな種である。

物の分析結果によれば、コメを中心に調理したと考えて問題ない（図42）。なおこの分析方法では、C_3植物ないし陸上動物の範囲内にあるというところまでしかわからないので、野菜や豆類、草食動物の肉などの可能性もある。しかし、弥生時代中期に豆類や肉類を主に食べていたという証拠はないため、やはり当時の食生活はコメ中心だったと考えるのが妥当だろう。

ところで、稲作といっても水田とはかぎらず、畑で陸稲を育てていた可能性もあるかもしれない。この点については米田穣らが二〇一四年におこなった分析結果がある。水におおわれた環境だと窒素同位体比が高くなるという性質を利用して、出土した炭化米が水稲か陸稲かを判別しようという研究である。分析の結果、大塚遺跡から出土した炭化米は水稲だったという結果が得られた。大方の予想どおりの結果であるが、遺物から実際にこうしたデータが引き出せた点は重要である。

土器圧痕の調査から、大塚遺跡ではイネに加えてアワ・キビなどの穀物やエゴマなどの葉物

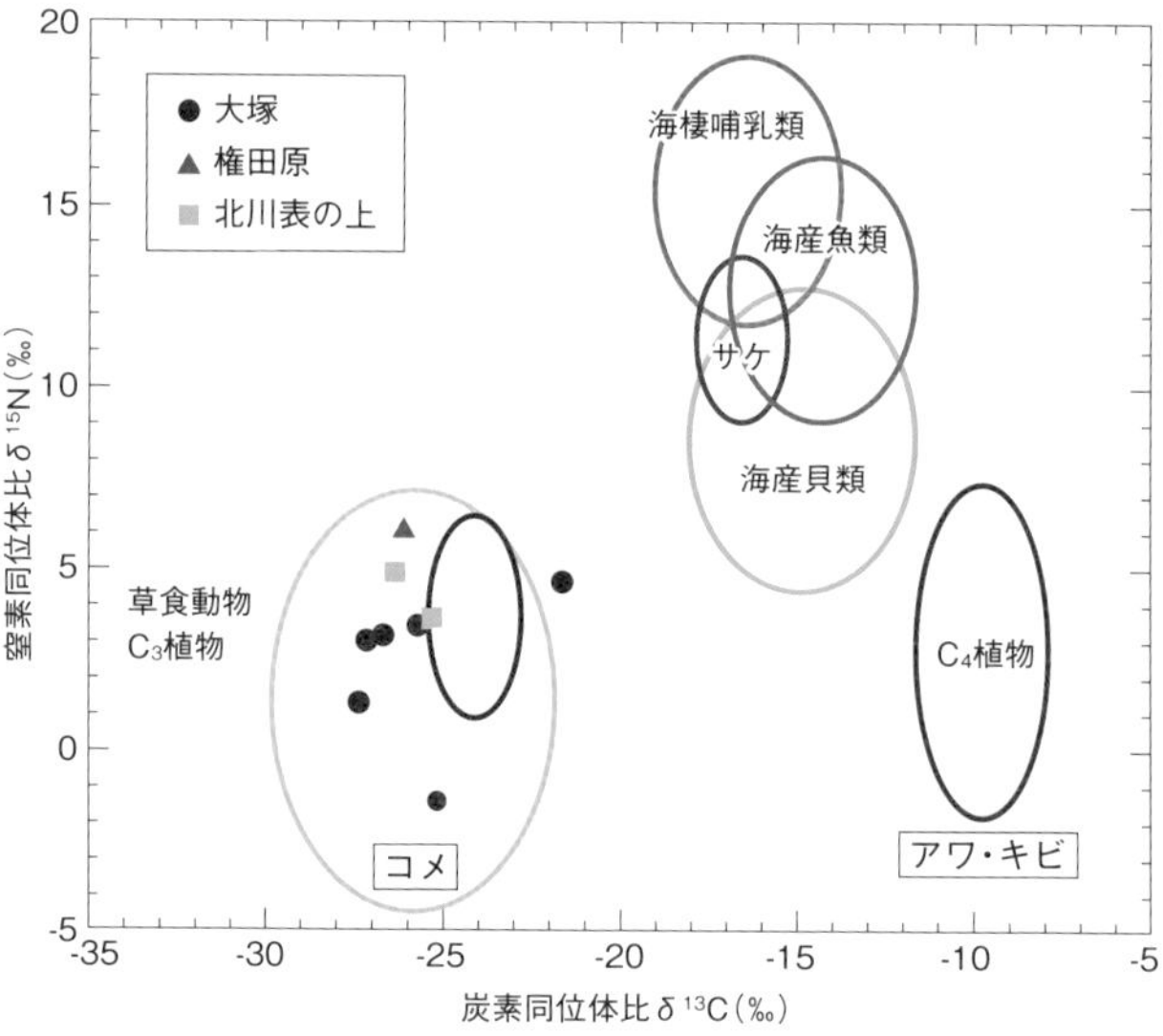

図42 ● 土器付着物の炭素窒素同位体分析
大塚遺跡など港北ニュータウン遺跡群の資料は、いずれもコメを調理したと考えておかしくない。１点だけ少し外れた位置にある資料は、アワやキビを調理した影響を受けたのかもしれない。

野菜を利用していたことがわかった。畑作の具体的な証拠が得られた点は重要である。しかし、比率としてはイネが圧倒的に多く、とくにイネとアワ・キビとの粒の大きさのちがいを考慮すると、カロリー的にはコメが主食だったといえる。土器付着物の同位体分析の結果も、これを裏づけている。また、炭化米の同位体分析の結果からは、コメは水田で栽培されたことが確認できた。

以上から、大塚遺跡に住んだ人びとの生業の中心は、水田での稲作だったと考えられる。おそらく台地上の集落の近くで、小規模な畑作もおこなっていたのだろう。浜田が指摘するように、河川沿いに水田があるのにわざわざ台地上に集落をつくるのは不自然かもしれない。しかし、そのような不自然な選択をした背景にこそ、この時期特有の事情、すなわち耕地などをめぐる社会的緊張関係があったのではないだろうか。

大塚・歳勝土遺跡の発掘調査がおこなわれてからすでに五〇年ほどの年月が経過した。しかし、大塚・歳勝土遺跡の調査成果にもとづいた研究は、いまもなお進められている。大塚・歳勝土遺跡は、たんなる学史上の存在にとどまらない、現在進行形の研究対象なのである。

図43●大塚遺跡出土の炭化米塊
調理されていない玄米の塊で、おにぎりや調理されたご飯ではない（本文でふれた米田穣らが分析したのはこの炭化米塊ではなく、炭化米粒である）。

第4章　発掘から保存まで

1　戦後横浜の考古学

横浜市史と和島誠一

横浜市の人口は戦後の復興と高度経済成長にともなって右肩上がりに増加しつづけた。市域では宅地の開発が進められ、港北ニュータウン事業はその終着点ともいえる大規模開発だった。一九五四年、横浜市は市史の編纂事業を開始した。この横浜市史で「原始・古代」を担当したのが考古学者の和島誠一（一九〇九―七一）だった。和島は一九七〇年にはじまった港北ニュータウン遺跡群の調査には直接かかわっていないが、そこで実践された遺跡群研究は、和島による横浜市での考古学的研究の延長線上にあった。

和島は史的唯物論の立場から、日本でどのように階級社会が成立したのかを考古学によって明らかにしたいと考えていた。そのために和島は、原始・古代の集落の変化に注目した。

和島の見通しは、縄文時代の社会は母系的な氏族共同体で、同じような竪穴が集まって集落を構成していたのに対して、古墳時代・古代の社会は大家族単位の共同体で、集落は大小の竪穴から構成されたグループに分かれていただろうというものだった。そして中間の弥生時代は、集団が分かれるきざしがみられる段階だったと考えていた。

こうした集落の構成を知るためには、一軒一軒の竪穴を掘るだけではなく、集落の全体像をつかむ必要がある。このために和島は遺跡の全面発掘にこだわったのである。

分布調査の成果

横浜市史の編纂にあたって、和島はまず徹底的な遺跡の分布調査をおこなった。このときに主力となったのが、和島のもとに集まった研究者や大学生、社会人によってつくられた武蔵地方史研究会だった。研究者だけではなく中学高校の先生や生徒、一般市民も参加して進めるのが、和島の調査のスタイルであった。この分布調査の結果、弥生時代の遺跡としては横浜市域全体で約一六〇カ所を確認し、北部の鶴見川中流域が中期の宮ノ台式期の遺跡が集中する地域だということも明らかになった（図44）。

分布調査の成果をもとに発掘対象として選ばれたのは、いずれも横浜市北部に位置する縄文時代前期の南堀《なんぼり》貝塚と古墳時代後期の市ヶ尾《いちがお》横穴墓だった。南堀貝塚では中央広場をもつ環状集落の全域を調査し、市ヶ尾横穴墓では集落と墓の関係をとらえようと墓地と近接した集落（鹿ヵ谷《かがや》遺跡）も発掘していた。集落の全体像や遺跡同士の関係をさぐるというテーマがこのころからすでに意識されていたことがわかる。

しかし、完成した『横浜市史』では、弥生時代の記述は縄文時代や古墳時代の半分以下にとどまっていた。これは弥生時代の遺跡を発掘しなかったためもあっただろう。また、南堀貝塚での発掘方法は台地上のトレンチ調査であり、全面発掘ではなかった。こうした課題が三殿台遺跡の調査へとつながることになる。

三殿台遺跡

三殿台遺跡は横浜市磯子区岡村町の標高約五五メートルの台地上にある。大塚・歳勝土遺跡からは約一五キロ離れた横浜市南部の遺跡であるが、港北ニュータウン遺跡群の発掘調査にもつながる重要な遺跡である。

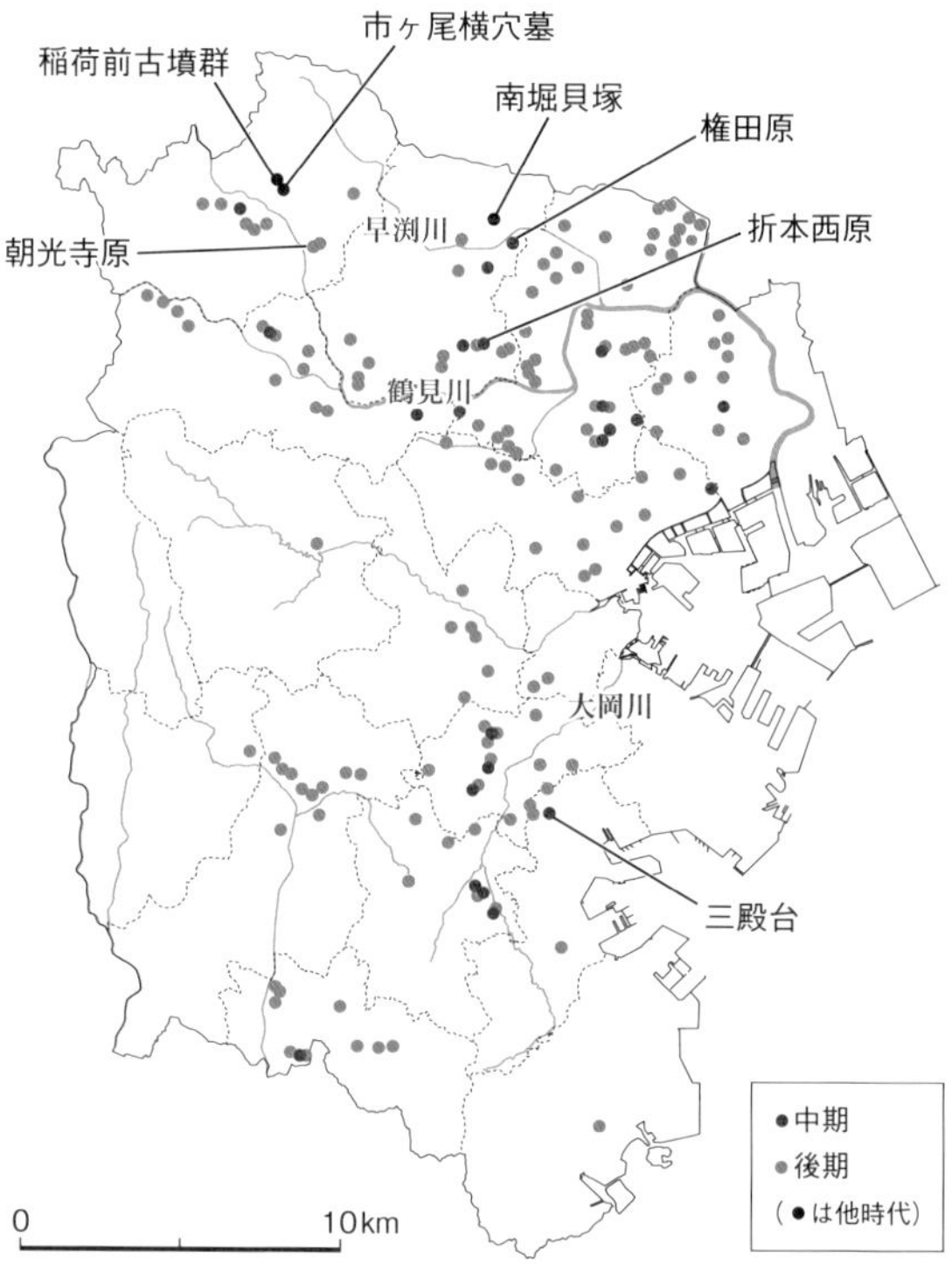

図44●横浜市史分布調査による弥生時代遺跡
弥生時代の遺跡約160カ所の多くは後期の遺跡だった。中期・宮ノ台式期の遺跡は23カ所みつかり、北部の鶴見川流域に多く分布する点が注目された。ただし、早渕川流域では2カ所だけで、大塚遺跡をはじめとする中期の環濠集落群はまだ知られていなかった（稲荷前古墳群もこの時点では未発見）。

和島が三殿台遺跡に注目した理由は、その立地条件にあった。南北約一〇〇メートル、東西約八〇メートルの台地上に縄文・弥生・古墳の各時代の集落が重なり合っていた。周囲の斜面には縄文時代の貝塚が残されており、台地の形状が縄文時代から大きく変わっていないことを示している。和島は、この台地上を全面発掘して、縄文・弥生・古墳の各時代にわたる集落の変化をとらえようとしたのである。

一九五〇年代後半には三殿台遺跡周辺でも宅地開発が進んでおり、横浜市は三殿台遺跡のある台地上に小学校の校舎建設を計画した。和島は横浜市に発掘調査の必要性を説得し、さらに日本考古学協会の協力を得て、各大学の学生や研究者からなる調査団を結成した。こうして一九六一年の夏、本格的な発掘調査がおこなわれたのである。

三殿台遺跡の発掘

三殿台遺跡の発掘は、夏休みの四〇日間、小学校分校の校舎に泊まり込んだ大学生たちによって、台地上の遺跡を全部掘るというものであった。限られた期間で全面を発掘するために、日本でははじめて発掘調査に建設機械が導入された（その後全国でとり入れられた）。

三殿台遺跡の発掘はあくまで緊急調査としておこなわれたものであったが、その背景には明確な学術的な目的があった。集落の全体を一気に剝がす調査によって、複雑に切り合った二七〇軒以上の竪穴住居が姿をあらわした（図45）。そのうち半分以上が弥生時代のもので、中期後葉の宮ノ台式土器から古墳時代前期の土器までが途切れることなく出土した。宮ノ台式土器には港北ニュータウン遺跡群ではほとんどみつからなかった下末吉1期や2期の資料も含まれていて、集落がより古い段階にはじまっていたことがわかる。また、発掘調査当時には性格不明の溝としていたものが、後に集落内につくられた大型の方形周溝墓の溝だと考えられるようになった。これらの点から三殿台遺跡は、環濠をともなっていないが、大岡川流域全体の拠点的な集落だったことがわかる。

三殿台遺跡の保存

三殿台遺跡の調査は、遺跡の保存という点でも大きな成果をあげた。発掘が進んで遺跡の重要性が明らかになるにつれ、研究者や市民から保存を求める声が上がった。しかし教室不足という問題も切迫していたため、横浜市はむずかしい選択を迫られた。

一九六四年には分校のある東側の一段低い台地に鉄筋三階建ての校舎が建設された。この建設にともなって遺跡の一部は削られたが、台地上の主要部分

図45 ● 発掘された三殿台遺跡
台地上の全面で縄文時代から古墳時代の竪穴住居が複雑に重なり合っている。写真左側にみえる建物が滝頭小学校岡村分校。左側は、その後、岡村小学校の建設にともなって削られたが、右側は遺跡公園として保存された。

を現状保存することができた。「遺跡の保護か学校の建設か」という一見両立しがたい矛盾をなんとか乗り越えることができたのである。遺跡は一九六六年に国史跡に指定され、翌年には三殿台考古館がオープンした。

三殿台遺跡は、全面発掘という調査方法において大塚遺跡の先駆けだった。だが、三殿台遺跡では長期間にわたる遺構が激しく重複していたために、古い時期の遺構は壊されていることが多かった。複数の時期の集落が重なっていることは調査前から予想されていたことではあったが、予想以上に重複が激しかったのである。また、非常に短期間での発掘だったため、遺構の切り合い関係や遺物の出土状況が不明な場合が多く、より精密な研究を進めるうえではネックとなってしまった。これに対して、ほぼ一時期に限定された遺跡で保存状態がよく、四年間かけて発掘調査された大塚遺跡では、三殿台遺跡でははたせなかった弥生のムラの全体像を明らかにすることができたのである。

朝光寺原遺跡の発掘

一九六〇年代の高度経済成長期になると、横浜市の人口の伸びはさらに加速し、それまで開発の手がおよんでいなかった横浜市北部でも民間の宅地開発が急速に進んだ。一九六六年には東急田園都市線が長津田（横浜市緑区）まで延伸した。これは鉄道の敷設と沿線の開発を一体に進める計画で、周辺の宅地開発に拍車がかかった。まだ緊急発掘調査の体制が確立されていないなかで破壊された遺跡も多かったが、そのうちの一つが朝光寺原遺跡である。

朝光寺原遺跡は、現在の東急市が尾駅の近くにあった縄文時代から古墳時代にかけての複合遺跡である。鶴見川本流（谷本川《やもと》）沿いの標高二五～四五メートルの台地上にある。横浜市から発掘調査の依頼があったとき、遺跡の破壊を前提とした調査を引き受けるべきかどうかについて、武蔵地方史研究会のなかでも意見が分かれたという。最終的には、このまま座視すれば遺跡を見殺しにするという判断で、岡本勇を団長とする朝光寺原遺跡調査団が結成された。

ここでも考古学専攻の大学生と中高生が発掘の主力だった。調査は一九六七年の夏休みに小学校に泊まり込み、みつかったばかりの稲荷前《いなりまえ》古墳群の発掘と並行しておこなわれた。夏休み中に終わらなかった分はおもに週末を利用して冬までつづけられ、翌一九六八年には第二次調査もおこなわれた。縄文時代・弥生時代の集落と古墳三基が調査されたが、ここでは大塚遺跡と直接関連する弥生時代中期の内容に絞って紹介する。

弥生時代中期の朝光寺原遺跡

弥生時代中期の遺構としては、環濠集落の全体と方形周溝墓群を発掘した（図46）。工事との兼ね合いで調査できなかった部分も多いが、断面V字形の環濠が台地の縁をほぼ一周しており、最大三回にわたって掘り直されていることがわかった。環濠内部の面積は約一万九〇〇〇平方メートルと大塚遺跡よりも一まわり小さい。土塁や柵列の痕跡はみつからなかったが、溝が途切れていた部分には出入口があった可能性も考えられた。

環濠内には宮ノ台式期の竪穴住居が六五軒あり、うち一四軒は焼失住居だった。方形周溝墓の主体部や周溝からは遺物がほとんど出土しなかったため、発掘当時は弥生時代中期のものとは考えられていなかった。のちの歳勝土遺跡の調査成果によって、朝光寺原遺跡の方形周溝墓のうち一九基は宮ノ台式期のものだと判明したのである。

朝光寺原遺跡から大塚遺跡へ

朝光寺原遺跡の調査団のメンバーには、遺跡をきちんと調査してその重要性を示すことによって、将来的な遺跡の保存につなげたいという思いがあった。しかし、発掘調査中にブルドーザーによる周辺の整地が進められるような状況であり、とうてい保存はかなわなかった。

環濠集落と隣接する方形周溝墓群を全面的に調査したという点で、朝光寺原遺跡は大塚遺跡の先駆けともいえる存在である。参加したメンバーも一部共通しており、大塚遺跡の調査につ

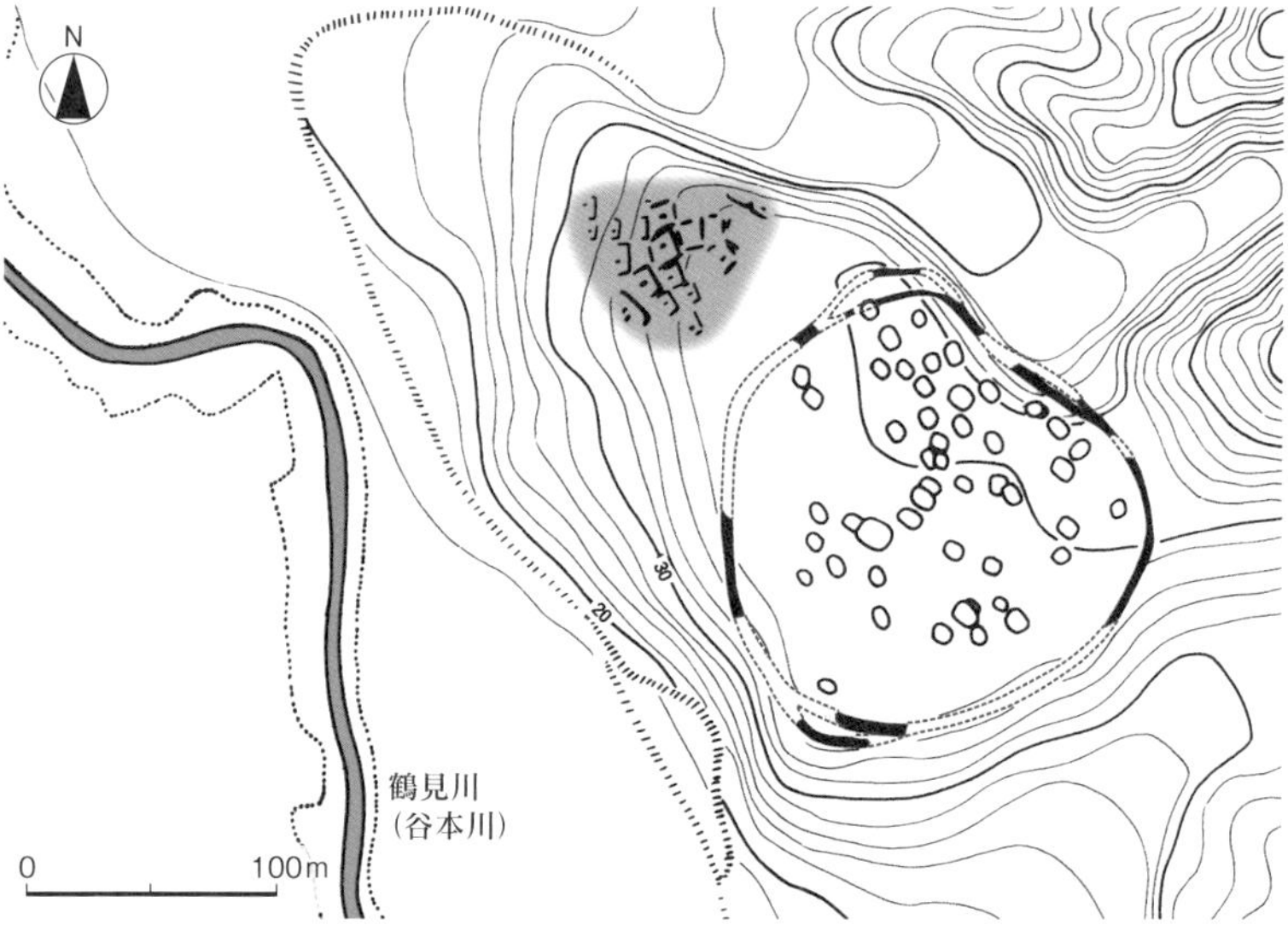

図46● 朝光寺原遺跡の平面図
宮ノ台式期の遺構としては、環濠集落と方形周溝墓がみつかっている。ただし、発掘調査当時は両者が同時期のものだとは考えていなかった。環濠は径約170m、全長500m以上にわたり、集落を全周していると推測されたが、未発掘部分（点線）も多かった。

ながる問題意識もすでにみられる。しかし、まだ行政発掘の仕組みが整っていなかった時代であり、発掘のための体制は十分ではなかった。概報が出されたのみで報告書も刊行されていないため、その内容は十分にわかっていない。四年後にはじまった大塚遺跡の発掘は、こうした朝光寺原遺跡の成果と反省をふまえて進められたのである。

2　港北ニュータウン遺跡群の調査

港北ニュータウン域の分布調査

戦後復興期から高度経済成長期にかけての横浜市域における急速な宅地開発によって、乱開発の弊害も問題になっていた。そこで横浜市は、みずから計画的な開発をおこない、北部の田園地帯に人口三〇万人のニュータウンをつくろうとした。これが一九六五年に発表された港北ニュータウン事業である。

このニュータウン建設が計画された横浜市北部地域に多くの遺跡が存在することは、一九五〇年代の横浜市史のための分布調査ですでに明らかになっていた。このため横浜市の依頼を受けて、この地域をフィールドにしてきた武蔵地方史研究会が主体となって遺跡分布調査をおこなうことになった。和島はすでに岡山大学への赴任が決まっていたため、岡本勇が団長となって分布調査を実施した。

分布調査は、一九六七・六八年の夏休み前の週末を中心としておこなわれた。夏休み前の週末には分布調査、夏休みと秋の週末には朝光寺原遺跡（一九六七年夏は稲荷前古墳群も）の発掘調査をおこなっていたことになる。調査団は武蔵地方史研究会のメンバーを中心に学生や市民で編成されており、一〇名程度の小班に分かれて踏査していった。一九六七年は鶴見川中流域全体、六八年は当時の港北区中部（早渕川南岸・鶴見川北岸）を対象とした。

分布調査にあたっては旧石器から古墳の各時代についての具体的な目的が設定されていた。弥生時代では「弥生時代後期─櫛描波状文に代表される樽式土器とその文化─の問題」があげられていた。この段階では早渕川流域の宮ノ台式期の環濠集落群はまだその姿をあらわしていなかったのである。

岡本勇と港北ニュータウン埋蔵文化財調査団

一九七〇年、岡本を団長とする港北ニュータウン埋蔵文化財調査団が結成され、港北ニュータウンの調査にあたることになった。当初のメンバーは常勤調査員一五人と非常勤調査員二〇人であり、ほかに大学生や高校生が加わっていた。

岡本勇は横須賀市の出身で、三浦半島をフィールドに地域考古学研究を推進した赤星直忠の授業を小学生のころに受けたことをきっかけに考古学に目覚めたという。戦後まもなく明治大学に進学し、岩宿遺跡や称名寺《しょうみょうじ》貝塚など学史に名を刻む遺跡の発掘に参加した。大学院在籍時から資源科学研究所の和島誠一のもとに出入りするようになった。一九五〇年代の横浜市史の編纂事業や南堀貝塚の発掘調査にも参加し、一九六一年の三殿台遺跡の発掘調査では和島の右腕的な存在として活躍した。

岡本は港北ニュータウンの発掘調査の目的として「遺跡群研究」を掲げた。これは一つひとつの遺跡を別々に研究するのではなく、ある地域の遺跡全体（遺跡群）のなかでそれぞれの遺跡がどのような関係をもっていたのかを解き明かそうというものである。遺跡と遺跡の関係性を追究するためには、一つの遺跡だけを掘るのではなく、その地域の遺跡すべてを調査する必要がある。このような研究は港北ニュータウンのような大規模開発にともなう緊急調査でなければ実現不可能であった。

大塚遺跡を掘る

大塚遺跡は歳勝土遺跡とともに、一九六七年五月の分布調査ではじめてみつかった。台地の中央部を走る農道の両側は雑木林と竹林におおわれていたが、そのなかにつくられていた野菜畑で土器片が採集されたのである。採集された土器片は縄文時代中期が主であり、弥生時代の土器としては後期の小破片が採集されただけだった。

一九七〇年には、あらためて施工区域の詳細な分布調査がおこなわれた。大塚遺跡もふたたび踏査されたが、型式不明の縄文土器と弥生後期の土器が一五片ほど採集されたにすぎない。この時点では弥生時代中期の集落の存在はまったく予想されていなかった。

港北ニュータウン遺跡群の本格的な発掘調査は一九七一年に早渕川南岸の東方《ひがしかた》地区からはじまった。一九七二年に北岸の歳勝土遺跡（当時はＣ７遺跡とよばれていた）の発掘調査にとりかかった経緯はすでに述べたとおりである。歳勝土遺跡の発掘中の一九七二年夏、隣接する大塚遺跡（C8遺跡）の南側の荒地で予備的な調査が実施された。

この第1次調査では宮ノ台式期の竪穴住居五軒と環濠の一部が確認された。ちょうどそのころ発掘されていた歳勝土遺跡では方形周溝墓群から宮ノ台式土器が出土していたが、同時期の住居はみつかっていなかった。八〇メートルほど離れた台地上にある大塚遺跡は、歳勝土遺跡の墓地に埋葬された人びとが暮らした集落ではないかと推測された。大部分が耕作されておらず家も建っていないことから、遺跡の保存状態が良好であることが予想できた。大塚遺跡を全面的に発掘し、歳勝土遺跡と対比することで、「遺跡群研究」における課題の一つとされていた同一時期における集落と墓地との関係を解明することができるのではないかと期待されたのである。

図47●完掘前の大塚遺跡（1975年8月撮影）
調査中の北東側半分（写真手前側）では、掘り終わった竪穴に霜よけのシートをかぶせて土を入れている。前年までにほぼ調査済の南西側半分（奥側）には草が生えており、一部では土を入れて耕作を再開している。この状態からあらためて全面を清掃して完掘状況の空中写真を撮影したのである。

大塚遺跡の本調査では、中央を通る道路を境として遺跡を二つに分け、第2次調査では南西側、第3次調査では北東側を発掘した。この三年間にわたる発掘調査によって、本書で紹介してきた環濠集落の全貌が明らかになったのである。

環濠内部の調査は、全体を弥生時代の遺構確認面まで掘り下げ、基本的に縄文時代の包含層は掘り下げない方針で進められた。遺跡の北東側には歳勝土遺跡につながる縄文時代中期の集落があり、多数の竪穴住居が確認されている。このうちおもに環濠外の七軒が発掘されたが、ほかは掘らずに保存された。歳勝土遺跡でも方形周溝墓の下は発掘していない。これは発掘調査の当初から弥生時代の集落と墓地を発掘時の状態で保存したいという意図があったためであった。このため発掘調査の終了後には四〇～五〇センチの盛土をして遺構を保護していた。

緑色の林にかこまれた台地の上に茶色いカシューナッツ状の環濠集落がのっている空中写真(カバー写真参照)。集落を全面発掘したことがこの写真だけから伝わってくる、まさに大塚遺跡を象徴する一枚である。この空中写真は一九七五年一一月一〇日に撮影されたが、撮影のための清掃作業は一カ月以上前からおこなわれていた。二万平方メートルを超える遺跡全面の清掃で、とくに南西側半分の発掘完了からはおよそ一年半がたっていたので、たいへん手間のかかる作業だったという(図47)。ベルトコンベヤーやダンプカーを使用しながら竪穴住居や環濠にたまった土を出して清掃し、周囲の草刈りもおこなった。さらに当初の予定日に雨が降ったため再度清掃したうえでようやく撮影されたのが、大塚遺跡の完掘状況の空中写真である。その甲斐あって、この写真はいまもわたしたちに大塚遺跡の迫力ある姿を伝えてくれている。

港北ニュータウン遺跡群の調査成果

一九七一年から七六年にかけておこなわれた大塚・歳勝土遺跡の発掘は、二〇年間におよぶ港北ニュータウン遺跡群の調査の序盤の山場だった。その後土地の造成工事が本格化すると、調査団は発掘につぐ発掘に追われることになった。最終的には港北ニュータウン施工区域内で確認された二六八遺跡のうち約二〇〇遺跡が発掘された。調査面積は計一九〇万平方メートル近く、みつかった竪穴住居は三二〇〇軒以上、出土した土器・石器は一万七〇〇〇箱以上に達した。調査団は一九八九年に解散したが、出土資料や記録類は横浜市埋蔵文化財センター（現・〔公財〕横浜市ふるさと歴史財団埋蔵文化財センター）に引き継がれ、現在も整理作業が進められている。

港北ニュータウン遺跡群の発掘調査は、地域内の遺跡を全部掘ることを最優先して進められた。限られた人員と期間のなかでスピードを重視したため、現在の目からみれば荒っぽい側面があったことは否定できない。しかし、二五〇〇ヘクタールを超える地域の遺跡をすべて掘るような大規模な開発が日本でおこなわれることは今後もうないだろう。港北ニュータウン遺跡群の調査成果は、多くの遺跡の破壊と引き換えに得られた貴重な宝物なのである。

図48●大塚遺跡の発掘調査風景
左：ベルトコンベヤーを使って環濠を掘る。右：竪穴住居のまわりで説明を聞く子どもたち。

3 大塚・歳勝土遺跡を残す

開発と遺跡保存

高度経済成長期に各地で進められた大規模な開発に対しては、自然や遺跡を守ろうとする住民運動が生まれた。港北ニュータウン事業計画に対しても、建設予定地内の自然や文化財を壊さないでほしいという要望が市民団体から出されていた。

港北ニュータウンの建設計画では予定地内に多くの公園や緑道を設けることになっていたため、遺跡の一部については、この公園部分に組み込むことで保存することが図られた。一九七二年四月の横浜市文化財審議会では、保存対象として九遺跡と五つのエリアを選定したほか、「ぜひとも保存すべき遺跡」として三〇遺跡をあげていた。歳勝土遺跡の東側台地（C6）は公園として現状保存が予定されており、発掘がはじまったばかりの西側台地（C7）は「ぜひとも保存すべき遺跡」のリストには入っていたが、「否」と判定されていた。大塚遺跡（C8）はまだ調査もはじまっておらず、保存要望の対象にはなっていなかった。

大塚・歳勝土遺跡の保存運動

すでにみたように、大塚・歳勝土遺跡の発掘調査は当初から保存を視野に入れて進められた。調査の成果を市民に広く伝えるための現地説明会もたびたび開催された。発掘が進んで遺跡の重要性が明らかになると、墓と集落をセットで全面保存すべきだという声があがり、一九七四年には日本考古学協会などの学術団体からも保存を求める要望書が提出された。しかし、遺跡が都市機能を集約するタウンセンター地区に立地していたことが大きな障害となった。

港北ニュータウンの土地利用計画では、大塚遺跡を断ち切るように南北方向の道路の建設が計画されていた（**図49**）。この道路はタウンセンター地区の都市計画の根幹と位置づけられており、発掘調査の前から大塚遺跡が道路に断ち切られることは決まっていた。大塚遺跡を全面保存するためには都市計画全体を見直す必要があり、それは事業全体の延期につながるため無理だと判断されたのである。一九七四年三月の港北ニュータウン文化財問題協議会において、歳勝土遺跡を全面保存し、大塚遺跡については道路東側の四〇パーセントのみを歴史公園として保存するという方針が示された。

なぜ全部を残せなかったのか

協議会での結論は、大塚遺跡の部分保存、歳勝土遺跡の全面保存というものだった。歳勝土遺跡の東側台地部分はもともと公園予定地だったが、大塚遺跡の南東側四割と歳勝土遺跡の西側台地については、当初は住宅用地だったもの

図49 ● 1974年の土地利用計画図と大塚遺跡
1974年刊行のパンフレットに掲載された土地利用計画図に大塚遺跡の環濠を加えた。遺跡は南北方向の道路で断ち切られ、北西側は中心地区（赤）、南東側は集合住宅地（黄）になる予定だった。

が歴史公園に変更されたのである。この点は保存運動の成果だったといえる。

だが、大塚遺跡の考古学的な価値は環濠集落を全面発掘したことに支えられている部分が大きい。したがってこれを保存する場合も集落全体を保存することが理想的だった。大塚遺跡の六割が失われてしまったという点については、保存運動は目的を達成することができなかった。

その原因の一つは、地域住民を味方につけられなかった点にあるだろう。一九七四年二月に開かれた港北ニュータウン文化財協議会での地元側の陳述はつぎのようなものだった。

・自分たちの祖先の遺跡であるということでこれまで発掘に協力してきた。
・事業を早く完成させるために農家は休耕補償なしで発掘に協力をしてきたが、これ以上の延期は受け入れられない。
・発掘調査で深く掘られるとその後の耕作がむずかしくなり、肥料も多く必要になるが入手困難である（当時はオイルショックで肥料が高騰していた）。
・造成がいつはじまるかわからない状況のなかで農業は先行きの見通しが立たず、黒土を売らざるを得ない（遺跡を大きく傷つける土取りはやめてほしいという申し入れへの反論）。

これらの意見は必ずしも大塚遺跡だけではなく、埋蔵文化財の発掘調査全体に対するものであるが、これ以上の延期を受け入れられないとする点で、タウンセンター地区の計画変更をともなう大塚遺跡の保存とは相いれないものだった。

もちろん調査団や遺跡の保存を求める側にも言い分はある。開発予定区域内に多くの遺跡があることはわかっていたはずなのに、当初の計画では予算・人員・期間ともに圧倒的に不足しており、そもそも無理があった。事業の遅延は必ずしも発掘調査だけが原因ではなく、家屋の移転や鶴見川の改修なども遅れていた。費用面についても、埋蔵文化財調査事業の経費が港北ニュータウンの総事業費に占める割合は決して大きくはなかったのである。

だが、「文化財と現在生きる住民のどちらが大切なのか」という議論が住民側から出てきてしまった時点で、地元を味方につけることができていなかったのは事実である。遺跡保護を求める市民運動の担い手は主に施工区域外の一般市民だったが、地域住民、とくに地権者である農家は、むしろすみやかな事業の遂行を求めていたのである。

大塚遺跡の追加調査

一九七八年一月末から三月頭にかけて、北側の谷部分の発掘調査がおこなわれた。これが第4次調査である。谷底からは古墳時代前期の竪穴住居がみつかった。

削られることになった北西側六割を対象にした第5次調査は一九八三年四月からおこなわれた。それまでの調査では保存を視野に入れて弥生時代の遺構確認面で止めていたが、破壊を前に関東ローム層まで掘り下げた。これによっ

図50●遺跡公園整備前の大塚・歳勝土遺跡（1989年撮影）
写真中央の草地が歳勝土遺跡と大塚遺跡の南東側である。大塚遺跡の北西側は削られており、赤茶けた土がむき出しになっている。

て縄文時代早期の集落がみつかったのは、特筆すべき成果だった。弥生時代の遺構としては、高床倉庫が八軒みつかった。一九八三年八月三日に北西側の追加調査は終了し、同年中にはこの部分は削られてしまった（図50）。

遺跡公園の整備

大塚・歳勝土遺跡は、「居住領域とこれに伴う墓域が一体的に把握できる稀有な例として極めて高い価値を有している」ことが評価され、一九八六年に国の史跡に指定された。さらに一九九六年には大塚・歳勝土遺跡公園がオープンした（図51）。

来園者が弥生時代の生活の様子をイメージできるように、竪穴住居、高床倉庫、環濠、方形周溝墓が復元された。弥生時代の生活空間を再現するため、発掘された遺構と同じ位置に盛土をかぶせて保護したうえで建てられている。竪穴住居は茅葺き屋根の入母屋造りで復元されている。この屋根の構造については、床面に焼土が堆積している例があることから、土葺きだったとする意見もある。このほかに屋根や柱を復元していない発掘調査時の竪穴住居の型取り模型が設置されている。

高床倉庫は保存された南東側ではみつかっていないが、遺構の空白部に一棟を復元した。柱穴の列だけで手がかりに乏しいが、登呂遺跡などの事例が参考にされた。

環濠は、長さ二二二メートルにわたって復元されている。環濠に関連する施設として、土塁と木柵列、木橋が設けられた。土塁と木柵列については、考古学的には必ずしも根拠が十分ではなく、異論もあることはすでに述べたとおりである。木橋については、歳勝土遺跡に行くための道として旧道のあった位置に復元されたものであるが、本書ではやや異なる位置にあったとする意見を採用した。

歳勝土遺跡では、方形周溝墓を三つの方法で復元している。一つ目は発掘調査時の四本の溝だけにかこまれた姿、二つ目は弥生時代の盛土をもつ姿、三つ目は埋葬された棺がみえるように盛土を切り開いた様子を示した姿である。

横浜市歴史博物館の設立

一九七二年の横浜市文化財審議会では、港北ニュータウン地域の発掘調査終了後に郷土館を建設して出土品を展示することが提案されていた。その後考古資料館の構想もあったが、横浜市にはそれまで市域の歴史全体を展示する施設がなかったため、一九九五年一月、考古学に限定しない歴史

図51 ● 現在の大塚遺跡と港北ニュータウン（2014年撮影）
復元された環濠集落のむこうに、商業施設や集合住宅が立ちならんでいる。

博物館として横浜市歴史博物館がオープンした。

大塚・歳勝土遺跡公園と横浜市歴史博物館の展示は、ジオラマや復元建物などによって弥生時代の生活のイメージを伝えようと工夫されている。こうした展示方法はイメージをわかりやすく鮮明に伝えることができる点で非常に優れているが、この長所はじつは両刃の剣でもある。たとえば復元竪穴住居の茅葺き屋根は、考えられるいくつもの復元案の一つにすぎないが、見学者はこの復元部分だけに注目してしまいがちである。横浜市歴史博物館の初代学芸員だった安藤広道はこうした模型や復元建物を「再現もの」とよび、いろいろな可能性があるイメージのなかから一つだけを強力に固定化してしまう点に警鐘を鳴らしている。

本書では大塚・歳勝土遺跡をめぐるさまざまな疑問について、けっしてただ一つの正しい「答え」があるわけではなく、それぞれの根拠にもとづいた議論が展開されてきたことを紹介した。こうした多様な解釈をどのように博物館や遺跡公園の展示に反映させていくのかは、今後の課題である。

おわりに

港北ニュータウンをほぼ含むかたちで一九九四年に設置された横浜市都筑区は、二〇二四年現在人口二一万人を超えている。若い世代にも人気の街であり、センター北駅周辺にはいくつものショッピングモールが展開している。駅から徒歩五分、緑色の三角屋根をもつ建物が横浜市歴史博物館である。エレベーターで屋上に上がり、そのまま歩道橋を渡って弥生時代のムラと墓の様子が復元された大塚・歳勝土遺跡公園に行くことができる。

毎年春になると多くの小学生が校外学習として博物館と遺跡の見学にやってくる。晴れた週末には遺跡公園でピクニックや球技を楽しむ姿がみられる。夏休みの歳勝土遺跡ではカブトムシ採集が盛んであり、学芸員がいない早朝に来ている親子も多いらしい。必ずしも遺跡や考古学に興味がなくとも、遺跡公園は住民の暮らしに組み込まれている。

大塚・歳勝土遺跡の発掘調査からほぼ五〇年の歳月が流れ、遺跡公園のオープンからもすでに三〇年近くたった。大塚遺跡はその六割が失われてしまったが、四半世紀かけて地元に根づいた大塚・歳勝土遺跡公園は、地域にとって欠かせない存在になっている。これは、大塚遺跡の四割が残ったことの成果であり、保存運動の成果として誇ってもいいだろう。

こうした現在の大塚・歳勝土遺跡のもつ価値の根底にあるのが、考古学的な発掘と研究の成果であることはいうまでもない。大塚・歳勝土遺跡の発掘調査・整理作業に携わった方々、さらにその後さまざまな調査研究を積み重ねてきた方々に感謝の意を表して、本書の結びとしたい。

図52 ● 遺跡公園でのガイド風景
団体見学の小学生に解説する市民ボランティア。コロナ禍の前は一日千人を超える小学生が来館することもあった。

参考文献

〈図録〉

横浜市歴史博物館・横浜市ふるさと歴史財団埋蔵文化財センター・横浜市三殿台考古館　二〇一一『大昔のムラを掘る―三殿台遺跡発掘50年―』横浜市歴史博物館

横浜市歴史博物館・横浜市ふるさと歴史財団埋蔵文化財センター・横浜市三殿台考古館　二〇一七『横浜に稲作がやってきた!?』横浜市歴史博物館（担当：古屋紀之・橋口豊・高橋健）

〈論文・単行本〉

安藤広道　一九九〇「神奈川県下末吉台地における宮ノ台式土器の細分」『古代文化』四二巻六・七号

安藤広道　一九九一「弥生時代集落群の動態」『調査研究集録』八号

安藤広道　一九九二「弥生時代水田の立地と面積」『史学』六二巻一・二号

安藤広道　二〇一三「弥生時代集落遺跡の分析方法をめぐる一考察」『横浜市歴史博物館紀要』一七号

石井寛　二〇一二「早渕川流域の弥生時代中期集落址群」『横浜市歴史博物館紀要』一六号

小倉淳一　二〇一五「関東地方における弥生時代の溝」『論集　環濠集落をめぐる諸問題　二〇一五』環濠（壕）論集刊行会

久世辰男　二〇〇一『集落遺構からみた南関東の弥生社会』六一書房

武井則道　一九八六「弥生時代の南関東」『岩波講座日本考古学』五、岩波書店

田中義昭　二〇一一『弥生時代集落址の研究』新泉社

田中義昭　二〇一九『開発と考古学―市ヶ尾横穴墓群・三殿台遺跡・稲荷前古墳群の時代―』新泉社

徳江義治・山本光雄　二〇〇六『港北ニュータウン物語』田園都市出版

浜田晋介　二〇一一『弥生農耕集落の研究―南関東を中心に―』雄山閣

〈報告書類〉

港北ニュータウン埋蔵文化財調査団　一九七五『歳勝土遺跡』横浜市埋蔵文化財調査委員会（担当：坂上克弘・坂本彰）

横浜市埋蔵文化財センター　一九八〇『折本西原遺跡』横浜市埋蔵文化財調査委員会（担当：石井寛ほか）

横浜市埋蔵文化財センター　一九九一『大塚遺跡Ⅰ　遺構編』（担当：伊藤郭・小宮恒雄・坂上克弘・武井則道・宮沢寛）

横浜市埋蔵文化財センター　一九九四『大塚遺跡Ⅱ　遺物編』（担当：岡本勇・小宮恒雄・武井則道）

横浜市ふるさと歴史財団埋蔵文化財センター　二〇一〇『大棚杉山神社遺跡・歳勝土南遺跡』（担当：石井寛）

横浜市ふるさと歴史財団埋蔵文化財センター　二〇一七『権田原遺跡Ⅱ』（担当：浪形早季子ほか）

大塚・歳勝土遺跡公園

・神奈川県横浜市都筑区大棚西
・開園時間　大塚遺跡は9：00～17：00、それ以外は24時間オープン
・休園日　大塚遺跡は月曜日（祝日の場合は翌日）、年末年始
・入園料　無料
・交通　横浜市営地下鉄「センター北」駅下車徒歩5分

面積約5万5000平方メートルの公園で、うち6割程度が史跡部分である。弥生時代の竪穴住居7軒、型取り住居1軒、高床倉庫1棟、環濠、方形周溝墓5基が復元されている。

大塚・歳勝土公園の方形周溝墓展示

横浜市歴史博物館

・横浜市都筑区中川中央1―18―1
・電話　045（912）7777
・開館時間　9：00～17：00（受付16：30まで）
・休館日　月曜日（祝日の場合は翌日）、年末年始
・入館料　一般400円、高校・大学生200円、小・中学生100円
・交通　横浜市営地下鉄「センター北」駅下車徒歩5分

「横浜に生きた人々の生活の歴史」をテーマに3万年にわたる市域の歴史を展示する。常設展示室には大塚・歳勝土遺跡のジオラマや出土品が展示されている。屋上から陸橋をわたって遺跡公園に行くことができる。

横浜市歴史博物館常設展示室・原始Ⅱ

横浜市三殿台考古館

・横浜市磯子区岡村4―11―22
・電話　045（761）4571
・開館時間　9：00～17：00（10～3月は16：00まで）
・休館日　月曜日（祝日の場合は翌日）、年末年始
・入館料　無料
・交通　横浜市営地下鉄「蒔田」駅下車徒歩25分、同「弘明寺」駅前から市営バス219系「三殿台入口」停留所下車徒歩5分

三殿台遺跡から出土した資料を展示している。遺跡公園には縄文・弥生・古墳の各時代の竪穴住居が復元され、発掘された竪穴住居の露出展示もある。

遺跡には感動がある

――シリーズ「遺跡を学ぶ」刊行にあたって――

「遺跡には感動がある」。これが本企画のキーワードです。

あらためていうまでもなく、専門の研究者にとっては遺跡の発掘こそ考古学の基礎をなす基本的な手段です。また、はじめて考古学を学ぶ若い学生や一般の人びとにとって「遺跡は教室」です。

日本考古学では、もうかなり長期間にわたって、発掘・発見ブームが続いています。そして、毎年厖大な数の発掘調査報告書が、主として開発のための事前発掘を担当する埋蔵文化財行政機関や地方自治体などによって刊行されています。そこには専門研究者でさえ完全には把握できないほどの情報や記録が満ちあふれています。しかし、その遺跡の発掘によってどんな学問的成果が得られたのか、その遺跡やそこから出た文化財が古い時代の歴史を知るためにいかなる意義をもつのかなどといった点を、莫大な記述・記録の中から読みとることははなはだ困難です。ましてや、考古学に関心をもつ一般の社会人にとっては、刊行部数が少なく、数があっても高価なその報告書を手にすることすら、ほとんど困難といってよい状況です。

いま日本考古学は過多ともいえる資料と情報量の中で、考古学とはどんな学問か、また遺跡の発掘から何を求め、何を明らかにすべきかといった「哲学」と「指針」が必要な時期にいたっていると認識します。

本企画は「遺跡には感動がある」をキーワードとして、発掘の原点から考古学の本質を問い続ける試みとして、日本考古学が存続する限り、永く継続すべき企画と決意しています。いまや、考古学にすべての人びとの感動を引きつけることが、日本考古学の存立基盤を固めるために、欠かせない努力目標の一つです。必ずや研究者のみならず、多くの市民の共感をいただけるものと信じて疑いません。

二〇〇四年一月

戸沢充則

著者紹介

高橋　健（たかはし・けん）

1971年、フィリピン・ルソン島生まれ
東京大学大学院人文社会系研究科博士課程修了、博士（文学）
横浜市歴史博物館学芸員をへて、現在、横浜ユーラシア文化館主任学芸員
おもな著作　『日本列島における鉐猟の考古学的研究』北海道出版企画センター、『おにぎりの文化史』（横浜市歴史博物館監修）河出書房新社、『土偶を読むを読む』（共著）文学通信ほか

写真提供（所蔵）
公益財団法人横浜市ふるさと歴史財団埋蔵文化財センター：図1・8・10～16・18・19右上・20・23・24・26～30・33・35・36・47・48・50／横浜市歴史博物館：図4・7・22・39・41（左・右上）・43・51・52／佐々木由香：図41（右下）／横浜市三殿台考古館：図45

図版出典（一部改変・加筆）
図6・34・37：古屋 2017（『横浜に稲作がやってきた!?』所収）／図9・17・21上（部分）：『大塚遺跡Ⅰ』／図21上（部分）・21下・25・31：『歳勝土遺跡』／図21上（部分）：『大棚杉山神社遺跡・歳海土南遺跡』／図21上・40：横浜市三千分の一地形図「勝田」「北山田」／図32：安藤 1991・国土地理院地図／図42：國木田大 2017「放射性炭素年代測定」（『横浜に稲作がやってきた!?』所収）／図44：和島誠一 1968「原始古代」『横浜市史』第1巻／図46：安藤 1991／図49：住宅・都市整備公団 1997『港北ニュータウン—四半世紀の都市づくりの記録—』

上記以外は著者

シリーズ「遺跡を学ぶ」166
南関東・弥生時代のムラの姿　大塚《おおつか》・歳勝土《さいかちど》遺跡

2024年 7月 1日　第1版第1刷発行

著　者＝高橋　健
発　行＝新 泉 社
東京都文京区湯島1－2－5　聖堂前ビル
TEL 03（5296）9620 ／ FAX 03（5296）9621
印刷／三秀舎　製本／榎本製本

ISBN978－4－7877－2336－9　C1021

シリーズ「遺跡を学ぶ」

23
弥生実年代と都市論のゆくえ　池上曽根遺跡〔改訂版〕　秋山浩三　1700円+税

大阪南部、和泉地域に営まれた弥生の巨大環濠集落。集落中央付近から発見された「神殿」を思わせる大形建物から、弥生実年代の見直しと弥生「都市」論が盛んに議論されて四半世紀。それらを踏まえ、集落内の構成と遺物を詳細に分析し、弥生大規模集落の実像に迫る。

48
最古の農村　板付遺跡　山崎純男　1500円+税

福岡空港のすぐ近く、飛行機の西側の窓から、復元された弥生前期の環濠集落と水田跡をみることができる。ここは列島で最古の水田がみつかった遺跡で、朝鮮半島から畦や水路を完備した水田経営が一挙にもたらされたのだ。歴史を大きく動かした水田のはじまりを解明する。

50
「弥生時代」の発見　弥生町遺跡　石川日出志　1500円+税

一八八四年（明治一七）、東京大学理学部学生によって東大隣接地の弥生町で発見された一個の壺が「弥生式土器」と呼ばれ、弥生時代の名称のもとになった。この壺を新たに実見するとともに、弥生実年代の遡及問題などを取り上げ、あらたな弥生時代像を提示する。

88
東西弥生文化の結節点　朝日遺跡　原田幹　1500円+税

本州中央に位置する濃尾平野。西日本弥生文化の東端の地に誕生した・朝日集落・は、やがて西と東の弥生文化をつなぐ結節点へと発展していった。環濠や逆茂木（さかもぎ）などの強固な防御施設を築き、生産と交易の拠点となった巨大集落の実像を解き明かす。

別冊06
ビジュアル版　弥生時代ガイドブック　安藤広道　1700円+税

紀元前一〇世紀ごろ、無文土器文化との接触により九州北部の縄文文化が変容を遂げてはじまった弥生文化。水田稲作・畠作の定着、集落の多様化と集落間関係の複雑化、拡大していく社会とそれを支えた祭祀の発達など、弥生文化のダイナミズムをビジュアルに解説する。